街場の憂国会議

晶文社

デザイン　ＡＳＹＬ（佐藤直樹＋徳永明子）

まえがき

内田樹

日本はこれからどうなるのか。まっすぐに「滅びの道」を転がり落ちてゆくのか、どこかでこの趨勢に「歯止め」がかかるのか。正直に言ってよくわからない。今この文章を書いているのは2014年3月末だけれど、本が出る頃に日本の政治がどうなっているか、私には予測がつかない。

もちろん「たいしたことは起きやしない」とクールに構えることもできるだろう。けれど、そういうことを言う人は「たいしたこと」が起きたときには仰天して絶句することになる。そのくせ、しばらくするとまたしゃしゃり出てきて、「きっと『こんなこと』が起きると思っていた。こんなのは想定内」としたり顔で言うのだ。そういうのを若い頃から腐るほど見てきた。

驚かされると人間の心身の能力は著しく低下する。だから、武道家にとって、「驚かされること」は最大の禁忌のひとつである。それに処するための方法も経験的に知られている。

逆説的なことだが、「驚かされない」ための最も有効な方法は「こまめに驚く」ことなのである。「驚かされる」のは受動的なふるまいだが、「驚く」は能動的なふるまいだからである。ふだんからさまざまな種類の微細な変化に細かく反応していれば、地殻変動的な変化についてもそのかすかな「予兆」を感じ取ることができる。「風の音にもおどろかれぬる」詩人はいざ「秋が来た」ときにはそれほど驚かされずに済む。

私が時事問題について論じるときに自分に課している心構えは、「人が驚かないときに驚き、人が驚かされるときに驚かされないこと」である。それは要人警護のＳＰの心得とそれほど変わらないと思う。彼らは警護すべき人の通り道を毎日歩き、そこに何があるかを記憶する。それは、リスクというのはつねに「ないはずのものがある」か「あるはずのものがない」というかたちで徴候化するからである。彼らのセンサーはそのいずれにも反応して、アラームを鳴動させる。それは言い換えれば、日々「風の音に」驚くということである。人が気づかない変化に気づくこと。それが巨大な危険を回避するためにもっとも有効な備えであることを経験は教えている。

この本を編んだのはそのためである。寄稿者たちは誰しもが「それぞれの風の音」を聴き取っている。そして、それぞれの立場から「巨大な危険」について不安な想像を胸の奥に養っている。読者の方々にはぜひそれを読み取って欲しいと思う。

本書は、昨年末の特定秘密保護法の成立を民主制の危機と受け止めた論者たちによる現状分析の本である。晶文社の安藤聡さんの発案で私が寄稿者をリストアップしてひとりひとりにお願いをして、全員からすぐに快諾のご返事を頂いた。旧知の友人もいるし、お目にかかったことがなく書き物だけからその見識に敬意を抱いていた方もいる。こちらの期待通り、論者たちは、それぞれさまざまな角度から、さまざまな文脈に載せて、さまざまな文体で、ことの本質について深く個人的な知見を語って下さった。急なお願いにもかかわらずお引き受けくださり、それぞれ個性溢れる文章を寄せて頂いた論者のみなさんに、この場を借りて編者として心からお礼を申し上げたい。またタイトな日程でのこの企画に文字通り胃に穴があく思いをしたであろう安藤聡さんのご苦労にも謝意を表したい。

街場の憂国会議　目次

株式会社化する国民国家

内田樹

内田樹（うちだ・たつる）
1950年東京都生まれ。東京大学文学部仏文科卒業。東京都立大学大学院博士課程中退。武道家。神戸女学院大学文学部名誉教授。専門はフランス現代思想、映画論、武道論。多田塾甲南合気会師範。著書に『ためらいの倫理学』（角川文庫）、『「おじさん」的思考』『街場の憂国論』（ともに晶文社）、『先生はえらい』（ちくまプリマー新書）、『街場の文体論』（ミシマ社）、『修業論』（光文社新書）、『内田樹による内田樹』（140B）など多数。『私家版・ユダヤ文化論』（文春新書）で第6回小林秀雄賞、『日本辺境論』（新潮新書）で新書大賞2010受賞。第3回伊丹十三賞受賞。

政治過程の液状化現象

本書は2013年12月に国会で実質的な審議なしに特定秘密保護法が採択された事実を「民主制の危機」ととらえた人たちに、それぞれの立場から「今何が起きていて、これから何が起きるのか」について論じて頂いたものである。まだ原稿がすべて揃っていない段階なので、本が果たして所期の通りのものに仕上がったかどうかは蓋を開けてみないとわからない。それでも、今日本社会がどういう方向に向かっているのかを考察するための有用ないくつかの手がかりを、読者のみなさんに提供できるものになるだろうと思う。

寄稿者たちはいずれも現状を「民主制の危機」と見ることについては共通しているが、その「被害評価」と「原因の特定」と「対応策の提起」についてはかなり見方がばらけている(はずである)。それでいいと思う。同一の問題についての解釈ができるだけ「ばらけて」いて、問題を見る視座が多様であればあるほど、そこに像を結ぶものは立体感を増すはずだからである。

私は今の日本の動きを国民国家の株式会社化趨勢の中で起きつつある出来事のうちの一つと見立てて、その視点から何が起きているのか、これから何が起きるのかについて私見を述べてみたいと思う。

「国民国家の株式会社化」などと急に言われても、読者は戸惑うだろう。そんな言葉づかいで政治を説明する人がいないからである。とりあえず新聞紙面やテレビのニュース解説には出てこない。そういう媒体で、話はもっとテクニカルで細かくなる。半世紀単位の変化、というような大ぶりの話はメディアは好まない。「そういうのはＳＦでもやってくれ」ということだと思う。しかし、私はメディアが昨日明日の話にばかりとらわれて、風通しのいい「ビッグピクチャー」を語る習慣を失ったことがその知的劣化の徴候だと思っている。だから、以下ではメディアではふつう読むことのない、「風呂敷を拡げた話」をしたい。

２０１４年現在、日本で今起きているのは一つの「政治的出来事」というより、むしろ政治過程そのものの液状化と呼ぶべきだと思う。政治が自重を失い、グローバル企業の経営戦略や株の値動きに連動して漂流し始めたのである。

安倍晋三の冒険主義的なナショナリズムが企業経営者や大企業のサラリーマンから厚い支持を受けているのは、彼の主敵が「仮想敵国」ではなく、日本国内に残る「民主制の残滓《ざんし》」だからである。放埒な民主制は抑制され、権力は少数の「賢い」支配層に集中しなければならないという点で、首相と支持者たちの意見は一致している。

首相がなぜそれほどまでに民主制を憎むのか（その政体こそ彼に二度までも総理大臣の座を与えたというのに）私には理由がよくわからない。彼の一族郎党が権力の頂点を継続的に占め続ける支配体制（それにもっとも近いのは北朝鮮だ）を作り上げるためには戦後民主主義が邪魔だという理路はわかる。わからないのは、彼がそのような政治的幻想に取り憑かれた経緯である。たぶん家族内部的な刷り込みとか何かがあったのだろうが、それはこの論考の核心部分ではない。

一方、企業経営者たちが民主制を抑制して、できればトップダウンの統治組織（彼らが帰属している株式会社と同じような組織）に改組したいと願っている理由はよくわかる。その理由はずっと合理的である。民主制を廃絶して、彼らが現に運営している組織に似せることの方が端的に「商売がしやすい」からである。

安倍晋三とグローバル企業経営者たちは「同床異夢」ではあるけれど、「民主制を抑制して、トップダウンの、効率的に意思決定ができるシステムを作る」という点では軌を一にしている。

「革命」政治家・安倍晋三

安倍晋三は「保守」政治家ではない。左派が批判するような「反動」政治家でもない。「革新」政治家であり、もっと強い言葉を使って言えば、「革命」政治家である。私はそう評価している。彼は戦後日本で70年間続いて来たひとつの政体を転覆して、まったく新しい政体を作り上げようとしている。

過去の自民党の総理大臣で、ここまで「革命的」であった者はいないし、現実にここまで民主制に効果的なダメージを与えることができた政治家もいない。彼は強大な派閥を率いるわけでもないし、政治的識見において卓越しているわけでもないし、国内外に太い「パイプ」を有しているわけでもない。おそらく政治を家業とする家の三代目に生まれなければ政治家にはなっていなかったであろう人物になぜ「ここまで」のことができたのか。「時流に乗じた」という以外にうまい説明を私は思いつかない。

「経済のグローバル化」という趨勢が、彼のような政治家とその強権的国家像の実現を要請した。戦後70年間、彼が掲げるような国家ヴィジョンが大衆的支持を得たことはこれまではなかった。だが、今は支持されている。それは人々が「国家」に求めているものが変わったからである。

改めて言う。安倍晋三とその同盟者たちが追究しているのは（当人たちにそこまではっきりとした自覚はないと思うが）、「国民国家の株式会社化」である。国の存在理由を「経済成長」に一元化することである。国のすべてのシステムを「経済成長」に資するか否かを基準にして適否を判断し、「成長モデル」に準拠して制度を作り替えることである。

彼らは国家が経済成長し続けることは生物にとっての「生きる」とほとんど同義だと考えている（ほんとうにそう信じているかどうかは別として、そう信じているかのようにふるまっている）。それゆえ、成長論者は二つの態度を採らざるを得なくなる。ひとつは「だから、どんな手立てを尽くしても成長を続けねばならない」という前のめりのパセティックな態度、一つは「成長できなくなった場合のことは考えない」という虚無的でシニカルな態度である。

実際、これに類することを揚言する株式会社経営者はいくらでもいる。あるグローバル企業の経営者は扁額に「成長か死か」という文字を掲げているそうである。成長が止ったら、会社はつぶれる。なるほど、そうかもしれない。現状維持や長期にわたるゆったりした老衰を「余儀なくされる」会社は存在するが、それを「めざす」という会社は存在しないからである。

会社の場合はそれでよい。だが、「成長か死か」というようなファナティックな言葉づかいを国民国家に適用するのはまったく不適切なことである。「成長か、しからずんば死か」を国是に掲げるということは、成長が止ったら、そのときは国も一緒に滅びるということである。「金の切れ目が国の切れ目」ということである。だが、国民国家はもとよりそのような脆弱なものであってもらっては困る。

改めて念押ししておきたいのだが、国民国家の本質は「成長すること」ではない。あらゆる手立てを尽くして、文字通り「石にしがみついてでも」生き延びることである。経済成長どころか、国土が焦土と化しても、国家機構が瓦解しても、国富をあらかた失っても、人口が激減しても、それでも国民国家は生き延びようとする。それが国民国家の本性である。国民国家は「何があっても生き延びる」ために制度設計されている。「何があっても生き延びる」ことができるように、人々はさまざまの制度的な工夫を凝らしてきたのである。民主制はそのような「工夫」のひとつである。

ウィンストン・チャーチルはかつて「民主政治は最悪の政治形態である。これまで試みられてきた他のあらゆる政治形態を除けば」という逆説を述べたことがある。私もチャーチルに同意する。

民主制は意思決定に時間がかかり、そのわりにはデマゴギーに煽られると簡単に「衆愚政治」に陥る。これは多くの先人が指摘してきた通りである。ヒトラーの独裁はワイマール共和国の民主制から生まれた。わが国でも、国民の基本的人権を制約する法案を提案した政党に有権者たちは高い支持を与えている。民主制はときどき「ろくでもないこと」をする。

けれども、民主制が「ろくでもないことをする」ということと、民主制そのものが「ろくでもない政体」であるということとは論理的に同義ではない。民主制「から」非民主的な政体が生まれることはあるが、それは民主制「が」非民主的な政体だということを意味しない。それだけ民主的な政体は可塑的であり、そこにしか民主制のとりえはない。非民主的な政体の統治者は「私が行うすべての政策は正しい」と揚言するが、民主的な政体の統治者はそのような言葉を口にしたくてもできない。そこにしか民主制のとりえはない。だが、たいしたとりえだと私は思う。だから、民主制に代わる「より欠点の少ない政体モデル」を発見するまで、私たちはこの不出来な制度を使い回すしかないだろうと私は思っている。

今、安倍政権が進めている「刷新」は、この「不出来だが、それしか手元にない民主制」を廃絶し、国の仕組みそのものを変えようとしている。つまり、国家を「何があっても生き延びるべきもの」としてではなく、「成長が止ったら滅びるようなもの」として設計し直そうというのが安倍政権からの提案なのである。そして、日本国民の過半はどうやらこの提案に賛成しかけている。

「成長か死か」的言説の既視感

「成長か死か」という二者択一の提示の仕方には私には既視感がある。同じ思いをしている人が他にもいるだろう。それは大日本帝国の戦争指導部の掲げた国家戦略「勝利か死か」とよく似ている。

「勝利か死か」しか選択肢がないのなら、敗戦はそのまま「皇国の隆替《りゅうたい》に関す」ることになる。負けたときに国は終わる（実際に、大日本帝国は終わった）。もし、1942年ミッドウェー海戦あたりで戦況不利と見て和睦に持ち込んでいたら、日本は海外植民地のすべてを失っただろうが、大日本帝国という政体だけは残せたはずである。私たちは今も「帝国臣民」であり、いかなる外国の従属国でもなかったはずである。悔やんでも仕方がないことだが。

「百戦百勝」以外に正解はないと信じている人間は、「どうやって後退戦を戦うか」、「どうやって『負けしろ』を多めにとるか」、「どのあたりで和睦を切り出すか」、「負けたあとに、どうやって国を立て直すか」といったことを主題的に問わない。それどころか、そういう問いを口にすること自体を禁じ、禁令を犯すものを「非国民」「売国奴」と罵り、投獄し、処刑する。「負け方」について思量することがそのまま「敗北」を呼び寄せると彼らは信じていたのである。歴史が教えるのは、どういうふうに「負ける」のがよりましかについて何も議論しなかったものたちは想像を絶する負け方を引き寄せたということである。

それが日本の近過去の経験である。だが、「成長論者」たちは、その教訓からほとんど何も学習していない。彼らは「成長が止り、マイナス成長に転じたときのために社会制度をどう整備するか」については何も語らない。語らないどころか、そのような話題を口にする人間を憎しみのこもったまなざしでみつめ、発言を遮ろうとする。「そのような敗北主義が日本をダメにするのだ」という言葉づかいも陸大（陸軍大学校）出の参謀たちとよく似ている。だから、いずれ成長が止った日には、その先達たちと同じように風を食らって姿をかき消すことだろう。

だが、時計の針をそこまで先に進めることはない。まず、今の話をしよう。

今、日本で進行している統治システムの「改革」の本質は、「平和を維持し、専制と隷従、圧迫と偏狭を地上から永遠に除去」することをめざす平和主義国家のシステムを一新させ、

「自国のことのみに専念して他国を無視」する経済成長を唯一つの国是に掲げ、すべての制度をその目的に即して改組した株式会社のような国家を作り出すことに存する。身も蓋もない言い方をすれば、「金儲けのための国家」を作り出すことに存する。その目的遂行のために、意思決定に時間のかかる民主制を廃絶し、CEOに権力と情報を集中させ、トップダウンでことが即決できる「株式会社システム」に切り替える。これが現政権の基本方針である。

先にあわただしく国会で採決された特定秘密保護法は、憲法21条が保証する「表現の自由と集会・結社の自由」を実質的に空洞化するものだったが、意外なことに、基本的人権の抑制をめざすこの法案に多くの国民が賛意を表明した。国会審議中はそれでも市民運動の盛り上がりが見えたが、委員会で強行採決され、議会を通ってしまった後、急速にこの法律に対する関心は薄れている。とりあえず、メディアはこの問題に完全に興味を失った。

それは世のサラリーマンたちの多くが、もともと憲法21条を「空文」だと思っていたことに関係があると私は思っている。彼らが働いている職場にはしばしば労働組合さえない。当然ながら、社内には表現の自由も集会・結社の自由もない。自分たちが日々労働している場において認められていない「人権」をどうやってわれわれから奪うというのか？　存在しない「人権」から法的根拠がなくなったことでいったい誰が迷惑するというのか？　彼らはたぶんぼんやりとそんなふうに考えたのだと思う。

民主制よりも金が大事

権力も情報も人事権も予算配分権も「トップ」が独占し、「トップ」が組織のルールを決め、「トップ」が人事考課を行い、「トップ」が経営方針を決定する。ルールや決定に違背するものはただちに懲戒される。これは日本人の企業労働者のほとんどにとって日常そのものである。いったい、この国のどこに「従業員過半数の賛同がなければ経営方針が決定できない会社」や「取締役会の議事録を全面開示する会社」や「官僚や政治家への贈賄や、競合他社へのスパイ活動を逐一従業員に報告する会社」があるだろう。トップに権力と情報を集中する。従業員には業務上必要な権限だけが賦与され、業務上必要な情報にしかアクセスできないというのは株式会社の従業員にとっては当たり前のことである。そういう生活に慣れ切った人々が「どうして、国家システムは株式会社みたいじゃないのか?」と不思議に思うようになることは不思議ではない。

「民主的に運営されているが業績の悪い会社と、ワンマン経営者が大きな収益を上げている会社と、どちらに勤めたいですか?」という問いかけに、サラリーマンたちの99%は後者を選ぶだろう。この選好はそのまま政治レベルにおける「民主制か金か」という二者択一に縮減される。そして、私の見るところ、すでに国民の過半はこの問いに「金」と答えた。

「民主制より金が大事」という世論の流れを決定づけたのは残念ながらメディアに責任の一

端がある。選挙のたびに、メディアは「街の声」なるものを拾って全国に放送してきたが、その多くで「あなたは政治に何を期待しますか？」という問いに「とにかく経済をなんとかして欲しいね」という「街の声」を優先的に選んだ。この答えをおそらくメディアは「区々たる政治的対立にとらわれず、民生の安定を第一に考えて欲しい」という模範回答のつもりで提示してきたのであろう。だが、視聴者や読者はそうは取らなかった。メディアから繰返される「政治より経済だ」という定型句を何十回も何百回も聴かされているうちに、人々はしだいに「政治体制なんかどんなかたちでもいいから、とにかく金が欲しい」というにべもない言葉こそが「市民の生活実感」を率直に表わしており、それこそ政治的な神学論に対する庶民からの健全な批評性の発露なのだと思うようになった。ほんとうにそうなったのである。

「リアル」というのは「金の話」のことである。それ以外の話柄は「抽象論」の棚に分類される。よほど暇な人間しか、そんなものに興味を示さない。それが言うところの「市民の生活実感」である。

かつて鄧小平は階級闘争路線を放棄して、「改革・開放」路線を採用したとき、「白猫であれ黒猫であれ、鼠を捕るのが良い猫である」という名言を吐いた。それを真似て、「民主制であれ独裁制であれ、金が儲かるのがよい政体だ」というシニカルな警句を口にすることに人々はためらいも疚しさも感じなくなった。それはいつからのことなのだろう。

「民主制より金が大事」ということは、２０１１年の大阪市長選のときにはすでに「常識」になっていた。

大阪市の市職員の勤務態度を「民間ではありえない。非常識だ」と繰り返し指摘して、公務員改革の喫緊であることを呼号した橋下徹市長は有権者から拍手喝采を浴びた。

役人批判はいつでも有権者に喜ばれる。現に、地方自治体の「非効率」や「無責任」や「怠慢」をなじった人はこの世に「役所」というものが誕生してから途切れたことがない。白川静の『字通』をめくると下に「吏《り》」の字を持つ熟語のほとんどは貶下《へんげ》的な意味を伴っている。「酷吏《こく》」「奸吏《かん》」「姦吏《かん》」「貪吏《どん》」「猾吏《かつ》」「苛吏《か》」……役人が「公権を借りて威張り散らす、ろくでもない人間」であるという批判は有史以来つねにあった。

だから、橋下市長が「役人はろくに仕事をしない」という一般論を語っている限り、これは多くの人の実感に親和する経験知を述べているに過ぎなかった。けれども、それを「民間ではありえない」から「よくない」のだということになると話は違ってくる。「役人はろくに仕事をしない」というのはかなりの程度まで真実である。「地方自治体は民間企業ではない」というのは１００％真実である。けれども、この二つをつなげて、「役人がろくに仕事をしないのは、自治体が株式会社のように運営されていないからである」という命題を導くことは論理的にはできない。そのような論理的架橋が成立するためには「人間は成果主義に基づいて勤務考課されて、成果を挙げたものに報奨を、挙げられなかったものに処罰を与えるときに、その能力を最大化する」という媒介項が存在しなければならないからである。たぶん市長自身は深く内面化しているこの命題は、残念ながら経験的にも理論的にも真実ではない。

「キャロット&スティック」のピットフォール

これは「キャロット&スティック」(人参と棍棒)戦略と呼ばれるものだが、査定者の喜ぶことをすれば人参がもらえ、査定者を怒らせれば棍棒を食らうというルールで組織を運営した場合、そこに生まれるのは「上司が右と言えば右を向くイエスマン」と「処罰におびえて、いつもびくびくしている人間」だけである。そのような場から何らかのイノベーションが生じることはない。この戦略の最大の欠陥は、このルールで運営された組織からは「査定者」のレベルとスケールを超えるものは何も生まれないということである。「御者と馬」の比喩という前段そのものに、その限界は書き込まれている。この組織に働く人間はすべて査定者「以下」の能力しか発揮することが許されず、査定者「以下」の知性と倫理感の持ち主でなければならない。それが「キャロット&スティック」の陥るピットフォールである。そして、現にその通りのことが起きた。

橋下市長は成果主義と株式会社的組織マネジメントを導入すべく、彼に共感する民間人を学校長や区長に次々と登用したが、その結果はご存じの通りである。市長がその人物を見込んで任用した11名の民間人校長のうち6名がこれまでに不祥事を起こして新聞に報道された。928人の応募者のうちから厳選した11名のうち6名が能力云々以前に最低限の市民的常識さえ欠いていたことが明らかになった。どれほど成果主義を導入しようと、厳格な組織マネジメントを実施しようと、査定者に「人を見る眼」がなければ、組織はがたがたになる。

しかし、大阪の市民たちはこれだけの失敗を目の当たりにしながら、「自治体が株式会社のように運営されていないことが制度の根本的欠陥である」という言い分に今もまだ頷き続けている。

諸制度の欠点は、それが「民間のようでない」ことに理由がある。だから、トップに全権を委ね、上意下達の制度を作り、厳しく成果主義的な考課を行い、採算不芳であれば部門も人員も斬り捨てることにすれば「万事は解決する」というシンプルでチープなソリューションが提示されたとき、それに向かって「違う」ときっぱり言い切った市民はほとんどいなかった。学者も知識人もいなかった。とりあえずメディアには登場しなかった。私はそのことに衝撃を受ける。日本人の政治意識は気づかないうちにそこまで劇的な変化を遂げてしまっていたのである。

当たり前のことを確認するが、地方自治体は株式会社ではないし、むろん株式会社のように運営されるべきでもない。地方自治体は民主的な組織であるが、株式会社は民主的な組織ではないからである。

先ほど言ったことをもう一度繰り返すが、株式会社の存立要件に「民主的であること」は含まれていない。そんなことは誰も要求してない。私だって要求しない（かつて私と平川克美君が起業した会社は「金儲けは二の次の気楽な会社」ではあったが、まったく民主的ではなかった。私たち経営者は「金儲けは二の次の気楽な会社」を作ろうと決めて、従業員を強権的にそれに従わせたのである）。

株式会社と民主制という二つの組織は成り立ちが違い、機能が違い、目的が違う。そのようなものを比べて、制度としての適否を論ずることはまったくのナンセンスである。しかし、これがナンセンスであるということが常識になっていない以上、私はそれを時間をかけても証明してみせるしかない。

株式会社をモデルにして民主制を改組することは有害無益である。「そんなの当然じゃないか」とすぐに思ってくださった人は以下の記述を読む必要がない。けれども、「株式会社のように管理運営される民主制はありえない」という命題を「にわかには肯んじ得ない」と感じた人にはぜひ私の説くところを聴いて欲しい。

生身の人間の尺度とはなじまない仕組み

株式会社の原型は東インド会社にまで遡る。それまで船を仕立てた商人たちは、航海ごとに出資者を募り、航海が成功裏に終ると配当を行った（船が沈んだらそれっきり）。それが継続的なかたちをとったのは1602年に設立されたオランダ東インド会社を以て嚆矢《こうし》とする。東インド会社自体は議会の許可状によって設立され、東インド貿易の独占権を持った、ほとんど準‒国家機関だったが、これが株式会社の起源とされるのは、東インド会社において歴史上はじめて「株主有限責任の原則」が確立したからである。

それまでの個人と個人の間では、因習的に与えた損害に対する弁償は無限責任とされた。「眼には眼を、歯には歯を」という同罪刑法の原理である。ところが、株式会社では、株主は会社がどれほどの損害を出そうと、どれほどの災厄を撒き散らそうと、自分の出資分以上の責任を問われることがない。このようなルールはそれまで人間社会には存在しなかった。

有限責任はいずれ支払い保証のない危険な信用を作り出し、それが過剰取引や詐欺や賭博的投機を呼び込むのではないか、そのような懸念は株式会社の黎明期からすでに多くの経済学者から表明されていた。しかし、産業革命とともに薄く広く多額の出資をかき集めなければならないという資本の要請が生じ、それは株式会社という形態にみごとに適合した。そのようにして、詐欺と過剰な投機を抑制するために存在した株式会社への法的規制が次々と廃止された結果、株式会社は今日の隆盛を見るに至ったのである。

歴史的なことを書き連ねるのは、みなさんに次のことを確認して欲しいからである。第一に、株式会社は人類の歴史、人類の経済史だけを見ても、「ごく最近」になって登場してきたものであること。そして、登場のとき「有限責任」という概念に強い違和感を覚えた人たちがたくさんいたということである。

第二に、株式会社が一気に支配的な企業形態になったのは、産業革命期に「短期間に、巨額の出資金を集める」必要が生じたためである。それまでは「知っている人間」から「返済可能な額」の出資を募っていたのが、「知らない人間」から「破産しても返済できない額」の出資を募ることがビジネスのデフォルトになった。だから、株式会社という仕組みは、その成り立ちからして、生身の人間の生活空間と生活時間の尺度となじまないのである。

福島第一原発事故で東電があれほどの被害をもたらしながら、処罰の対象にならないのは、東京電力株式会社は身体も意思も持たない法的擬制に過ぎず、犯罪の主体たりえないからである。会社の行為から受益してきた株主は生身の人間だが、彼らもまた会社が人々に及ぼした損害について責任を問われることがない。端的に言えば「有限責任とは、自らが負うべきリスクを他の誰かに押しつけるもの」なのである（奥村宏、『会社の哲学』、東洋経済新報社、２０１３年、93頁）。

奥村はこの本質的に他責的なシステムについてのきわめて手厳しいローレンス・E・ミッ

チェルの言葉を引いている。

サメが進化によって完璧な捕食マシンとなったように、企業（株式会社）も有限責任の仕組みによって、その機能を完璧化した。（……）有限責任によって完璧化された企業（株式会社）の機能とは株価最大化のコストを外部化すること、すなわちコストを他者に押しつけることである。（前掲書、92頁）

会社がどれほど環境を破壊し、どれほどの社会的損害を引き起こしても、被害者たちは株主たちから出資額以上の弁償を取ることはできない。環境破壊の場合、政府が環境浄化コストを有責企業に求めた場合、弁済不可能と判断すれば企業は進んで破産を宣告する。その負担はそのまま納税者に転嫁される。私たちは環境を汚されるというかたちで資源を失い、その浄化コストを引き受けるというかたちで税金を失う。

この完璧な「コスト外部化システム」が機能できたのは、もちろん損失を「穢れ」として押しつけることのできる「外部」が存在したからである。外部が存在する限り、コストの外部化は可能である。かつては新世界が、続いて第三世界が、そして今は地球の環境や資源が最後の「外部」となった。それを蕩尽し尽くすまで株式会社は終わらない。

私たちが確認しておくべきことは、株式会社は一つの特異な法的擬制であり、ある歴史的条件下に生まれ、特異な行動様式を持つものだということである。それが「サメ」と同じく、ある種の進化の極限的なかたちであることはたしかである（それは『エイリアン』において、エイリアンを「生物の理想だ」とほめたたえる科学者のロジックと似ている）。だからと言って、それに準拠してすべての社会制度を改組すべきであるというふうに話は進まない（『エイリアン』の場合、エイリアンの優秀性を讃える人たちはだいたいすぐにエイリアンに捕食されてしまう）。

国民国家や地方自治体のような行政組織は株式会社のように組織されるべきではないし、教育や医療も株式会社のように組織されるべきではない。それはまったく「別のもの」であるからだ。でも、そのことを理解している人は少ない。

同一労働最低賃金という新ルール

大阪の話を例に取るが、自治体の株式会社化にきわめて熱心であった橋下徹大阪市長が就任後最初に取り組んだのは、大阪市営バスの運転手の給与の引き下げであった。

市営バスの運転手たちは同業他社である阪急バス・阪神バスの運転手に比べて、平均年収で２００万円多くもらっていることを市長は指摘し、「もらいすぎだ。民間ではありえない」として、民間並みへの切り下げを命じた。市民はこれに拍手喝采を送った。

しかし、市民たちはこのときに彼らが進んで労働慣行上の大きなルール変更に同意署名していたことに気づいていなかった。彼らはこのとき「同一労働最低賃金」という新しいルールを受け容れたのである。「同じ仕事をしている労働者がいた場合、その中でもっとも安い賃金で働いているものを標準的労働者とする。それ以上もらっているものはすべて『もらい過ぎ』である」というルールを彼らは合理的であるとして受け容れた。このルールを一度受け容れた以上、経営者は同じ労働であれば、それをより安い賃金で受け入れる労働者をひとり見つけてくれば、労働者全員に対して「君たちはもらいすぎだ」という権利を手に入れたのである。ほんとうに。

それ以降、勢いづいた経営者たちは「非正規雇用」の法的規制の撤廃、「解雇特区」の創設、最低賃金制度の撤廃、と矢継ぎ早に「賃金を限りなく切り下げるための法整備」を進めている。その風景を日本の労働者たちはなすすべもなく、ぼんやりと見つめている。彼らが効果的な反論を立ち上げられないでいるのは、労働者たちもまた「人間社会はすみずみまでが株式会社のように制度化されるべきだ」というイデオロギーを無意識のうちに深く内面化していたからである。

最優先されるべきは属する組織の収益の最大化であり、それを阻害する要因は最小化されなければならない。効率化を妨げるすべての旧弊な制度、生産性の低い人間を扶助するための社会保障や福利厚生、そして何よりも余分な人件費コストは排除されなければならない。

この「株式会社のロジック」に「人件費コスト」にカウントされる労働者たち自身が同意してしまったのである。

2012年末の衆院選では、週刊誌が「220議席獲得」と予測するまでにその実力を過大評価された日本維新の会は、選挙公約に「最低賃金制度の撤廃」を掲げた。「最低賃金制度があるせいで、雇用が増えない。最低賃金を撤廃して、今一人に払っている賃金を3分の1にすれば、雇用は3倍になる」というのがその根拠であった。

ちなみに大阪の最低賃金は時給819円(2013年)である。その3分の1は時給273円になる。一日8時間働いて2184円。月に25日働いて5万4600円である。生きてゆくのも困難なこの給与レベルの労働者層を増大させる計画を維新の会は堂々と選挙公約に掲げた(のちに慎重論が出て撤回したが)。そのような無謀なことができたのは、彼らの支持層である労働者たちは「時給819円は時給273円に比べると『もらい過ぎ』である」と考えて、この提案に拍手喝采を送るだろうと予測したからである。そのような予測を許すまでに、日本の労働者の思考法は「逆立ち」していたのである。

存続することが最優先の課題

1950年代まで、日本国民の50%が農業従事者であった時代であれば、自治体が株式会社のようでないことを非とする国民はまずいなかっただろう。今こうなってしまったのは、日本の有権者の過半が「株式会社の従業員」になったことの歴史的帰結である。

今さらながら言うことでもないが、久しくわが国の統治システムは農村の村落共同体を原型に構想されていた。つまり、合議制による意思決定、資源（河川、森林など）の共同管理、脱落者を出さないための相互扶助というような「旧い」仕組みである。意思決定にはたいへん時間がかかった。新しい事業を興す動きは好まれなかった。つねに強い同調圧力がかかった。けれどもそれは株式会社よりはまだ民主制に近いものであった。というのは、村落共同体の最優先課題は「成長」ではなく、「存続」だったからである。とりあえず孫子の代まで100年、今自分たちが享受できている生活環境が維持できるなら、それで「合格点」と考える。数万年前に人類史が始まってから、19世紀まで、人間たちのおおかたはそう考えてきた。共同体が「存続すること」が共同体の最優先課題であり、自余のことは論ずるに足りないと考えてきた。私がそう言っているのではない、レヴィ＝ストロースがそう言っているのである。

親族関係は静的な現象ではない。親族は自己を存続させるためにのみ存在する。

(Claude Levi-Strauss, L'analyse structurale en linguistique et en anthropologie, 1945, in *Anthropologie Structurale*, p.57)

ここでいう「親族」には「ゲマインシャフト」全体を含めることができると思う。血縁共同体や地縁共同体や自治体や国民国家までを含めて、ゲマインシャフトにとっては「存続すること」が最優先課題である。そして、存続するためには強い惰性を持つシステムでなければならない。地政学的環境が変わり、国際経済が変わり、気候が変わり、地形が変わっても、同一的であり続けるようにゲマインシャフトは設計されていなければならない。

だが、株式会社にとって「存続すること」には副次的な意味しかない。株式会社の存在目的は収益を上げて、出資した株主たちに出資額以上の配当をすることである。それ以外のこと、雇用の創出とか、地域経済へのトリクルダウンとか、法人税の納税とかいうのは副次的なことである。「私は法人税をたくさん納税するために会社を興したいと思う」という起業家がいたとしても（いないが）、たぶん株主はひとりも集まらないだろう。

上に述べたように、株式会社の経営においては、意思決定手続きが民主的な討議に付されたかどうかというようなことには何の重要性もない。むしろ意思決定のために割く時間はゼロであることが望ましい。採択された経営方針の適否はわずかなタイムラグでマーケットの反応として判定されるからである。「この経営方針は正しいかどうか」を事前にいくら長時間議論しても正否は決し得ないが、マーケットに放り出してみれば、あっという間に正否の判断は下る。

橋下市長が「私に反対するなら、次の選挙で私を落とせばいい」というフレーズを好んだのは、株式会社の経営者の口吻を真似たのである（その後、安倍首相もこのフレーズを使い始めた。彼らの思考の同型性が知れるエピソードである）。「私の経営方針が間違っていたら、市場がただちに売り上げの減少、株価の下落というかたちで反応するはずである」。会社の経営者ならそう言える。けれども、統治者はそんなふざけたことは言えない。失政がもたらす災害はその規模において深度において、企業一社の株価や売上高とは比較にならないからである。けれども、「次の選挙で落とせばいい」と言い放つことができる政治家たちは市場と政治がまったく別の世界だということがわかっていない。

　私たちが政策決定過程に時間をかけるのは間違えるリスクを最小化するためである。この場合の「最小化」には、「できるだけ適切な政策を選択する」ということの他にもうひとつの語義がある。それは「誤った政策を採択した場合でも、すみやかにリカバーできる」ことである。誰でも間違えたくはない。でも、間違えることは避けられない。ならば、間違えた場合に迅速かつ適切に失敗から回復する手立てを構築しておくこと、それもまた「リスクの最小化」のひとつのかたちである。予防と対症、そのふたつのかたちでリスクに備えるのが政治である。

　失政のもたらす災厄は、売り上げの増減や株価の高下とはスケールもレベルも違う。なぜなら、誤った政策決定がいつどのようなかたちでその結果を示すことになるかが予測不能だからである。企業であれば市場に投じた新製品の評価はせいぜい数ヵ月のうちに、定点観測している指標で数値的に示される。けれども、政策の適否はそんなに簡単に、そんなにわかりやすいかたちでは眼に見えてこない。

しかし、株式会社のような制度をモデルとする政治家たちは、自分の採用した政策が国益にかなっているかどうかは「次の選挙」での議席占有率で判定できると考えている。有効投票の相対多数をとることと国益が確保されたことの間には論理的には関係がない。けれども、彼らはそうだと信じている。市場の評価と「次の選挙における信認」を同一のものだと考えている。だから、「次の選挙以後」のことは考えない。

しかし、ある政策が正しかったかどうかは、場合によっては数年後、数十年後にならないとわからない（例えば教育政策の適否は、その制度で教育された子供たちが大人になったときにならないと判定できない）。政策の適否は「ゲマインシャフトが健全に維持できているかどうか」という長期的な物差しに基づいて回顧的にしか判定できない。「次の選挙」でどちらが勝つかというような政局レベルでは尽くせない。国政については次の世代のこと、次の次の世代のことまで考えなければならない。そのために民主制がある。

政策が誤っても社会が破壊されないための制度

民主制というのは「先のこと」を考えるための仕組みである。「先のこと」は未知である。だから、誰一人確定的に「未来はこうなる」と断言できない。人間の数だけ未来予測は違ってくる。だから、さまざまな可能性を吟味しなければならない。プランAのほか、プランB、プランC……と思いつく限りの政策の当否を論じなければならない。

そして、共同体の全員が「これ以上論じることがなくなった」と疲れ切ってため息をついて、「もし、この政策決定が間違っていても、それは議論にかかわったわれわれ全員に多かれ少なかれ責任があり、それゆえ、この失敗のもたらす災厄をそれぞれの割り前分だけ引き受けなければならない」と腹をくくるまで議論する。それは、重大な事案については「これ以上はもう検討することがない」ところまで詰めてゆかないと、その政策決定が失敗だったときに（しばしば失敗する）、気持ちが片づかないからである。その失政のもたらす災厄の現場から「さあ、もう一度手を携えて立ち上がって、共同体を作り直そう」という気概が湧かないからである。

民主制というのはまさに「そのため」の制度なのである。民主制は正しい政策を次々と手際よく繰り出すための政治システムではない。そうではなくて、誤った政策が手際よく社会を破壊するのを防ぐための制度なのである。

民主制においても人々は高い確率で間違った政策を採択し、不適切な統治者を選ぶ。けれども、その被害に対して、他責的になることが許されない。誰かに「穢れ」を押しつけて、自分は素知らぬ顔をすることができない。スケールの大きな失政によって、心身に深い傷を負った場合でも、民主制の成員たちはこの災厄は「自分で招いたもの」だということを認めなければならない。民主制はその点がすぐれている。民主制は成功し続けるからすぐれているのではない。失敗したときに「やり直し」が効くからすぐれているのである。「勝つ」からすぐれているのではない。「負けしろ」が広く採ってあるからすぐれているのである。

さきの戦争で大日本帝国は歴史的大敗を喫した。けれどもその政策決定にほとんどの国民は関与できなかった。敗戦のとき、どういうデータに基づいて、どういう推論によって「あんな戦争」をしたのか、国民のほとんどは問われても答えられなかった。だから、自分たちはどこで間違ったのかを点検して、「次は失敗しないようにしよう」と言い出すことができなかった。失政の責任はすべて「戦犯」たちにあり、国民はむしろその「被害者」なのだというGHQの「ウォー・ギルティ・インフォーメーション・プログラム」に一億の国民がやすやすと乗ぜられたのは、江藤淳が言うようにGHQの広報戦略が狡猾だったからだけではない。大日本帝国が民主制ではなかったからである。

1945年まで日本が民主的な政体でなかったことの最大の瑕疵《かし》は、非民主的な政体の下では、政治的自由がなかったこととか、言論の自由が抑圧されたことにあるのではない。そうではなくて、非民主的な政体の犯した政策上の失敗については自分たちには責任がないと、国民が思うことを止められなかったことにある。敗戦のあと、「大日本帝国」の再建のためには誰一人動く気がなかった。「私が戦争を始めたわけじゃない。」全員にそう言う権利があったし、実際にA級戦犯たちを含めて全員がそう言った。自分の分の戦争責任の「割り前」を引き受けることが帝国臣民としての私の責務だと言い切る大人に、私は戦後社会ではついにひとりも会ったことがない（書物では読んだことがある。鶴見俊輔や大岡昇平は戦後も戦争を語るときには帝国臣民としての立場を持した）。私のまわりにいた大人たちはたしかに戦後社会がどうあるべきかについてさまざまな発言をなしたが、それはつねに民主日本の国民としてであった。帝国臣民の立場から、滅びた帝国のために弁じた人がいない。その再生計画を語った人がいない。それが大日本帝国が非民主的な政体であったことの最大の悲劇だと私は思う。

戦後日本は民主的な政体の国であった。国民たちはずいぶんろくでもない政策を支持したし、ずいぶん問題の多い政治家を統治者に選んできたが、民主制である限り、有権者たちは「この失政の責任の一部は自分にある」という罪責感から逃れることができない。

私たちは今民主的な政体を有している。それは「正しい政策を効率的に起案し、実施できる」政体だから好ましいのではない。誤った政策で国が滅びかけたときでも、国民たちが（むろん、国民全員ではない。そこまで贅沢は言わない）、国家再生の仕事を自分の市民的義務だと考えることができる制度だから好ましいのである。生命保険のようなものである。生きている間は掛け金ばかり取られて腹立たしいが、死んだときにありがたみがわかる。

進行しているのは「国家の無国籍化」

かつて60年安保闘争のとき、闘争の賭け金は「民主か独裁か」の分岐であると論じた思想家がいた。民主制と独裁制のいずれの統治形態がより合理的か、より国益にかなうか、公共の福祉に資するかという議論は政体論としてあり得ただろう。けれども、私たちが今直面している二者択一は政体論ではない。選択を迫られているのは「民主か金か」の二者択一であり、いかなる政体を選ぶかという政治の問題ではもうなくなっている。

「どんな組織でも構わない。金さえ儲かるなら」とふつうのサラリーマンは考える。「わが社は50年後、100年後にどのような会社であるべきか、どのようにして世界における株式会社の範たるべきか」というような議論にかまけて、営業をさぼったり、製造ラインから離れてしまうような従業員はふつうの会社には雇ってもらえない。自分の会社が50年後、100年後どうあるべきかについての議論をする暇があったら、来期のためのコストカットの手立てや新製品開発や販路拡大を工夫しろ、人々は毎日そう言い聞かされている。「次の四半期を乗り切れないと、1年後の雇用さえ保証されていない。半世紀先のことなんか誰が知るか」というのが株式会社の時間意識である。それはたしかに彼らの立場からすれば十分に合理的な判断なのである。

日本の場合、時価総額上位１００社の「チャート」平均滞在時間は２００９年で７年であった。同時期の米国で５年。それから５年経ったから日本もおそらくアメリカ並みになったはずである。それが株式会社の「寿命」である。平均寿命５年の「生き物」が「次の四半期がよければ、それでいい」と思うのは当然のことである。

だが、国民国家の平均寿命はそれほど短くない。とりあえず孫子の代までの１００年スパンで政策を考えることを「国家百年の計」と呼ぶが、それは１００年後も「私たちが今いるこの場所で、今あるような社会制度の下で、今手持ちの資源を使い回ししながら暮らしている人々」を想定して、彼らができるだけ快適に暮らせるように備えておくことである。国というのは１００年後も１００％の確率で存在することを前提にして制度設計されているのである。

もちろんこの前提は虚偽である。今存在する国家のいくつかは１００年前には存在しなかった。だから、帰納的に推理すれば、いま存在する国家のいくつかは１００年後には存在しない。けれども、あらゆる国家はその非情な経験則を無視して、自国だけは「無限の命」を持つと主張する。そういう無理な仮定を採用しなければ、その国の中央銀行が発行する紙幣が無価値になるからである。明日に紙くずになることがわかっている銀行券を差し出してものを売ってくれる人は市場にはいない。明日が明後日でも同じである。1年後でも10年後でも同じである。国というのは「無限の命を持つという嘘」の上に成立している。そして、その嘘を国民に信じさせるためにも、領土を保全し、自然資源を保護し、通貨の安定を図り、人口の再生産を担保しようとする。そうしてないと、「100年後も今と同じ姿である」という幻想が成り立たないからである。「このままうまくゆけば100年後もこの国は存在するだろうが、政策判断に失敗すれば消えているだろう」というようなことを国家の統治者は決して口にしない。国家のアイデンティティはその幻想的な定常性のうちでしか棲息できないのである。その点において国家と株式会社はまったく違う種類の生き物である。

株式会社は市場動向に適応して、不断の変化を遂げることでしか生き延びられない。100年後も今と同じ店舗を構え、今と同じメンバーで、今と同じ商品を、今と同じ意匠で売っているだろうという同一性幻想を支えにして株式会社を経営できる人間はいない。三代前は花札を売っていたが、今はゲーム機を売っている。先代はオーディオを売っていたが、当代は保険証書を売っている。去年までは化粧品で食っていたが、今年はバイオサイエンスの特許で食っている。それが株式会社の常態である。株式会社において時代を超えて同一的であることにはいかなる価値もない。活動拠点が同じ国の中にあり続けることにも何の意味もない。どこで雇用を創出しようと、どこの国に法人税を納めようと、経営者が何国人であろうと、従業員が人間であろうがロボットであろうが、そんなことは何の意味もない。株式会社という法的擬制は「収益を追求し続けるマシンである」という以外にどのような同一性も求めない。

経済のグローバル化ということを単純に企業の「無国籍化」とだけとらえていたのでは事態の理解に及ばない。今、日本だけでなく世界の国民国家で進行しているのは、国家の株式会社化、つまり国家の無国籍化だからである。

定常的であろうとすれば国は滅びる。国家制度もまた終わりなき経済成長をめざしてプロテウス的に変容し続けなければならない。成長論者たちはそう重々しく宣言する。市場動向に最適化して制度を変え、ライフスタイルを変え、信じる神を変え、使う言葉を変えることができなければ、国は滅びるだろう、と。株式会社のようにならなければ国に未来はない。ここまではっきりした言葉づかいをするにはまだ多少の遠慮があるようだが、言っていることは変わらない。

経済成長率と「生活のよさ」には相関がない

今朝めくった新聞に都知事選の総括の鼎談があり、その中にこんなやりとりがあった。現代の典型的な「定型句」が散見されるので、採録しておく。

国際政治学者：脱原発を標榜しつつ、「ライフスタイルを変えるべきだ」という趣旨の問題提起を、細川さんがしたのは興味深かったですね。人口減と高齢化が進む中で、経済成長を前提とした社会制度、政策を維持できるのか。仮に経済成長するとしても、高齢化によるコスト増に追いつくのか。高齢化する都市のあり方への問題提起と受け止めました。

エコノミスト：「物質的な豊かさよりも心の豊かさが大切」などという論者は昔からいます。細川さんの議論はさほど新しくない。人口減少があって、国内総生産（GDP）も下がるかもしれません。しかしその中でどうやって生活をよくするのかを考えるのが政治家の仕事でしょう。「成長をあきらめましょう」というような議論は、政策論としてはあり得ないと思います。

ジャーナリスト：問題提起の本質は間違っていないと思いますが、政治家が言うと諦念を植え付けるようにも聞こえます。

（毎日新聞、2014年2月27日）

温度差はあるけれど、三人とも経済成長しないというのは絶望的な状況への転落であり、政策的選択としてはありえないという認識において共通している。エコノミストの場合はその他に「昔からある」と「新しくない」という形容詞が無反省的に「無価値」という意味で用いられている点でより「株式会社的」である。

成長しなければ「おしまい」というのは株式会社にとっては常識であっても、国にとっては少しも常識的なことではない。その前提を彼らは軽々と無視している。

彼らはおそらく意図的に無視しているのだが、経済成長率という数値は、「生活がよい」ということとは相関しない。もし、経済成長率が国民生活の向上と物質的な幸福と直接相関するということであるなら、経済成長率が高率である国ではどこも「生活がよい」はずであり、経済成長率がゼロやマイナスの国では人々は貧苦にあえいでいるはずである。しかし、実際はどうなのか。２０１２年の統計で経済成長率世界一の国はどこか。このエコノミストに私は尋ねてみたい。どこの国か。彼は知っていても言いたがらないだろうが、第一位はリビアである。成長率１０５％。カダフィ大佐が暗殺されて、以後久しく内戦状態にあるリビアが堂々の世界一である。*第二位はどこか。シェラレオネである。10年間続いた内戦で「平均寿命が世界で一番短い国」というありがたくない称号を寄せられた国が15％で第二位。第三位はアフガニスタン。政府軍とタリバンの二元支配状態が続き、米軍撤退後は内戦になるだろうと予測されているアフガニスタンが第三位。第四位が貧富格差の拡大、官僚の汚職、対中国排外主義イデオロギーの瀰漫で苦しんでいるモンゴル、第五位がクーデタのあと前途の見えないニジェール。第六位が長きにわたる独裁政権下で「中央アジアの北朝鮮」と呼ばれたトルクメニスタン。ご覧の通り、経済成長率高率の国の多くは内戦、クーデタ、独裁の国である。このエコノミストにしてもまさかそれが「生活がよい」ことの条件であるとは言わないだろう。

国民一人あたりＧＤＰが世界一はルクセンブルクであるが、この国の成長率は０・34％。世界１４８位である。第二位はカタール（６・24％、37位）、第三位ノルウェー（３・02％、96位）、第四位スイス（１・05％、１３６位）、第五位オーストラリア（３・67％、85位）、第六位デンマーク（マイナス０・38％、１５８位）、第七位スウェーデン（０・95％、１３８位）、第八位カナダ（１・71％、１２６位）、第九位シンガポール（１・32％、１３５位）、第十位アメリカ（２・78％、１０３位）。

別に子細に数字を見て頂かなくても、「国民一人あたりＧＤＰ」という間違いなく「生活がよい」ことの数的指標と経済成長率の間に相関がないことは見て取れる。「国民一人あたりＧＤＰ」について言えることは、「小国寡民」の成熟した民主制社会では（経済成長率がゼロないしマイナスであっても）スコアが高いということである。

けれども、このエコノミストの発言に典型的なように、メディアで発言する「経済専門家」たちのほとんどは経済成長率だけが「生活がよい」ことの指標であり、それ以外には参照できる数値は存在しないという立場をとる。だが、経済成長率と「生活のよさ」の間には有意な相関がない。深い相関があるのは、その国でビジネスをしている企業の収益だけであ

＊ http://www.ecodb.net/ranking/

る。リビアやシェラレオネやアフガニスタンで荒稼ぎしているグローバル企業の株主やCEOは「生活がよい」だろうが、彼らの享受している愉悦はその国の国民生活とはかかわりがない。

「生活がよい」とはどういうことか？

日本のエコノミストたちがかかえる致命的な問題は「成長戦略がないこと」ではなく、「成長しなくても生きていける戦略がないこと」であるというのは平川克美の卓見だが、それは「成長しないこと」について考えることは「諦念」だとされるからである。彼らが『戦陣訓』に倣って「成長せずんば断じて已《や》むべからず」と勢いよく口で言うのは構わない。けれども、「成長しなかった」場合についての「プランB」について自分は考える気がないし、他人にも考えてはならぬと命じるのは思考停止というのを通り越して、知的退廃と呼ばなければならない。

今回の都知事選で細川護熙候補の掲げた「脱原発」政策は「プランB」について考えるべきときではないかという問題提起だったと私は思っている。「プラン」の中身がどれほど政策的に練られたものであったのか私は知らない。けれども、「プランB」について考え始めるべきときだという政治判断は正しいと思う。国民の「生活がよい」ということはどういうことなのか、それはどのような指標を取れば近似的に計測できるのか。これは私たちにとって実践的にはもっとも緊急な問題である。鼻先で嗤って済ませられる話ではない。

しかし、現代日本では「経済成長だけが国家目標なのか？」という素朴な問いを発するものはまるで非現実的な夢想を語っているような手荒な扱いを受ける。私は別に「物質的な豊かさよりも心の豊かさが大切だ」というような夢見がちな原則論を語っているわけではない。私にわかるのは、経済成長率は高いが、「心の豊かさ」はもとより「物質的な豊かさ」さえも担保されていないように見える国がたくさんあるのだが、これについて成長論者たちは何も説明してくれないということだけである。

むろん、彼らは「それぞれの国情により、経済成長率が意味するものは違ってくる。私たちは別に経済成長率が高ければ生活レベルが高いというような単純な話をしているのではない」と言い訳をするだろう。まったく私も同感である。私も単純な話は聞きたくない。だから、教えて欲しい。では、この場合「日本の国情」は他国とどう違うのか。なぜリビアやシェラレオネでは経済成長率は国民の幸福とは直接関係がないが、日本においては直接関係があるのか。なぜ、ゼロ成長やマイナス成長でも「生活がよい」国々がヨーロッパにはいくつもあるのに、日本はそうではないのか。誰でもいい、日本の成長論者のひとりでいいから、この素朴な質問に説得力のある答えを提示してくれないだろうか。答えが得られたら、私は明日から成長論者に趣旨替えしてもいい。ほんとうに。

もちろん、誰も私の質問には答えてくれない。というのは、それに答えるためには、「国家にとって成長は別に必須の条件ではない。定常的にであれ、存続するだけでも国家にとっては十分な達成なのである」という主張に向き合い、それが間違っていることを証明しなければならないからである。そして、定常的な共同体が「ありえない」ことを証明するためには、歴史を否定しなければならないのだが、それは不可能なのである。「成長せずに、ただ定常的に存在した社会」は少し前までの日本の姿だからである。1721年から1828年までのあいだ、日本の人口は2610万人から2720万人まで増えただけで、国内の需要のほとんどすべてを自給自足していた。「鎖国」日本はむろんゼロ成長社会であった。それでも当時の江戸は人口世界一の大都市であり、そこで暮らす人々は「将来が現在と変わらないこと、現在の資源で将来の問題が解決されることを期待」できた（ジャレド・ダイヤモンド、『文明崩壊（下）』、楡井浩一訳、草思社、2005年、53頁）。

そればかりか、この時期の日本人は世界史上どの民族もなしえなかった一大事業を生態学のレベルで成し遂げたことで知られている。森林率を上げたのである。日本の現在の森林率は68%。これはフィンランド（74%）に次ぎ、スウェーデン（67%）を超える率である。「森に覆われた国」というイメージのあるブラジル（57%）よりカナダ（34%）より日本は森が多い。戦国時代末期に築城のために乱伐された森を再生させた「ゼロ成長期」の江戸幕府の歴史的達成に対して、その恩恵に浴した後世の人間として私は素直な敬意を抱くが、成長論者はそれをせせら笑うのだろうか。

この定常的な「冷たい社会」が、成長しなければ生き延びられない「熱い社会」に組み替えられたのは、ペリー提督が砲艦外交によって開国を迫ったためである。アメリカは資源と市場を求めて、「定常系にとどまることを願う国」の存続を許さなかった。日本が文明開化・殖産興業の路線に舵を切ったのは、「成長系に改組しなければ、植民地化される」というリスクに直面したからである。思えば、「グローバル化」の構図は160年前も今も変わらない。

「成長なき社会はある種の地獄だ」という成長論者の言い分は部分的には真実だと思う。ただしそれは、成長なき社会そのものが地獄であるのではなく、成長なき社会を「地獄に変える」ことでしか成長できない社会が存在するせいである。かつての帝国主義列強と植民地の関係がそれをみごとに物語っている。それが「世界の実相なのだ」というシニカルな断定に私は反論できない。反論はできないけれど、それでも「成長なき社会を地獄に変えることで成長し続けること」にはせめて一抹の「疚しさ」を抱いたらどうかという気はするのである。

蝸牛の歩みのごとく

もう指定の紙数を大幅に超えてしまった。安倍政権が「国民国家の株式会社化」をめざすグローバル資本主義者たちと組織論レベルで深く共感し合ったために、今の反民主主義的トレンドが形成されたという理路についてはだいたいおわかりいただけたと思う。ただこれは冒頭に申し上げた通り、「同床異夢」である。ビジネスマンたちは行政も医療も教育もすべてが「株式会社みたい」にトップダウンでものごとが決まり、成果主義で業績が考課され、すべてが商品と代価のやりとりとして構想される社会を夢見ているが、それはあくまで「その方が金が儲かる」と彼らが信じているからである。彼らは民主制の非効率を嫌い、その限りでは立法府の権限が制約され、行政権力が肥大化することを歓迎しているが、官邸で少数の人間だけで外交や安全保障やエネルギーや食糧のような死活的に重要な国策が決定されるようになると、政府と民間の利害が乖離するということが当然起きてくる。例えば、領土問題や歴史認識問題で日本政府が隣国に強硬姿勢をとっていることについて、今は週刊誌の反中・嫌韓記事を喜んで読んで、政府に喝采を送っているサラリーマンたちも、それがやがて海外での日本製品ボイコットや日本企業の店舗や工場の破壊にまで拡がり、収益が減り、株価は急落、給与はカットということになると「そんなことをされては困る」と言い出すだろう。東京裁判史観を否定し、大東亜戦争に大義あり、というようなことを居酒屋のカウンターで論じている分には世話はないが、アメリカの対日信頼感が損なわれ、TPP交渉で、日本の産業なんか「つぶしてしまえ」という態度を露骨に示すようになると、昨日まで自分がさんざんアメリカの悪口を言っていたことを忘れて、「なぜ政府はアメリカの信頼を勝ち取って、譲歩を引き出せないのか」とうるさく文句を言い出すようになる。必ずそうなる。

だから、私は安倍政権とグローバル企業の「蜜月」はそれほど長期には及ばないだろうと予測している。だが、安倍政権が財界の支持を失って失権したとしても、そのあとも反民主主義＝国民国家の株式会社化趨勢はそのようなエピソードとは無関係に進行し続けるだろう。

その流れを阻止しなければならない。勘違いして欲しくないのだが、私は別に株式会社が本質的に邪悪だとか破壊的だとか言っているのではない。国民国家だってしばしばそれ以上に邪悪だし、破壊的である。だが、とりあえず国民国家は「寿命１００年程度の生き物」として政策の適否を判断することになっている。私はその「物差し」を支持するのである。

「寿命５年の生き物」に向かって「こんなこと」を続けていると、20年後には大気が吸えなくなり、河川の水が飲めなくなり、農作物が食べられなくなると言われても、たぶん何の反応もしないだろう。自分が死んだあとの世界のことなんか知ったことではないからだ。でも、それは私たちが「こんなこと」を続けていると、１０００年後には地球は人間が住めなくなると脅かされても、「知ったことか」と応じるのと変わらない。どちらもおのれの平均寿命に基づいて利害得失を計算しているだけである。国民国家に株式会社を倫理的に責める資格はない。けれども、とりあえず国民国家は「同一の文化を持ち、同一の価値観や美意識を共有する同胞たちの相互扶助的な共同体」であるというイデオロギー的擬制を掲げている。そのようなものであるためになら民主制は比較的ましな制度である。民主制というのは惰性が強く、てきぱきとものごとが決まらないが、逆に滅びてゆくときも、のろのろとしか滅びない。生身の人間の生活時間を斟酌するなら、民主制の社会で暮らす方が「ひどい目に遭うリスク」は少ない。私はプラグマティックな立場から、民主制を支持しており、そのコロラリーとして国民国家という擬制を支持している。その立場から、国家の株式会社化に反対するのである。

そして、まさにその反対運動を私は民主的な手続きに則って、国民国家という擬制の枠内で遂行しようとしているわけである。だから、その運動はまったくドラスティックなものにはならないし、仮に私の政治的意見についての支持者の輪が拡がるとしても、そのスピードは蝸牛の歩みのようにのろいであろう。それが嫌だという人には申し訳ないけれど、民主制は守れないと思う。

「気分」が作る美しい国ニッポン

小田嶋隆

小田嶋隆（おだじま・たかし）
1956年東京都生まれ。早稲田大学卒業後、食品メーカーに入社。1年ほどで退社後、小学校事務員見習い、ラジオ局ADなどを経てテクニカルライターとなり、現在はひきこもり系コラムニストとして活躍中。著書に『人はなぜ学歴にこだわるのか』（光文社知恵の森文庫）、『テレビ標本箱』『テレビ救急箱』（ともに中公新書ラクレ）、『小田嶋隆のコラム道』（ミシマ社）、『地雷を踏む勇気』『もっと地雷を踏む勇気』（ともに技術評論社）、『その「正義」があぶない。』『場末の文体論』（ともに日経BP社）、『ポエムに万歳！』（新潮社）などがある。

「空気」から「気分」へ

うまく書きはじめることができない。

いやな気分だ。おそらく、これから皆さんが読むことになる原稿は、まとまりを欠いたものになる。

というのも、対象が、焦点を結びにくいブツだからだ。

私が書こうとしているのは、時代思潮や、政治状況や、世界観についての原稿ではない。

相手は、「気分」だ。

さよう。気分。景気の気でもあれば元気の気でもある、「あの気何の気気になる気」の、その、気分だ。

気分である以上、それは、ヌエのごとくとらえどころのない、不定形な、変わりやすい、散漫かつ曖昧模糊とした気体で、私はそれらを、クリアに分析できないはずだ。明らかな言葉で定義することも、たぶん、できないと思う。

それでもなお、私が、この「気分」という、どうにも七面倒臭い相手に挑みかかろうとしているのは、震災以来のわが国の社会を動かしている主体が、思想でも歴史的必然でも経済原則でもなくて、なによりもまず、時代の気分だと考えているからだ。

気分は、ふくれあがり、覆いかぶさり、蔓延し、油断のならぬ底流を形成しながら、わたくしどものこの国の日常を、予測困難な方向に向けて押し流そうとしている。であるから、私は、昨年来、日々届けられるテレビのニュースや新聞の報道の内容それ自体よりも、キャスターの声のトーンや記事文体の変化に注目している次第だ。

気分は、説得するまでもなく、いとも簡単に伝わる。そして、考えるいとまを与えることもなく四方八方に伝染し、いつの間にか身の回りを支配している。息を呑んでいる間に、空気はすっかり変化し、次に息を吐き出す時にはかすかな悲鳴を含んでいる。実にいやな気分だ。

ロレツまわってます？

最初に、安倍首相の気分について書く。

安倍さんは、うかれている。

あるいは、うわついている。熱にうかされているのか、薬のせいでうきあがっているのか、でなければ、羽化しているつもりなのか、とにかく、就任以来、地に足の着いた心持ちで日々を暮らしている感じを与えない。何かに追い立てられているように見える。先を急いでつんのめっているようにも見える。どこに向かっているのだろうか。

まず、しゃべり方だ。

国会中継を見るにつけ、思うのは、安倍さんの声のトーンが、しかるべき抑制を欠いていることだ。

生来の語り口であるのなら、それはそれで良い。生まれつき早口な人が、せっつかれるように言葉を並べ立てている様子は、見慣れてしまえば、さして奇異な景色ではない。聞きようによっては、啖呵売の口上みたいで、痛快に感じられるかもしれない。

しかし、安倍さんは、元来、早口の語り手ではなかったはずだ。

私の記憶では、第一次政権の頃の氏は、おっとりした、どちらかといえば、ものやわらかな調子で語る人だった。それ以前の、小泉内閣で官房長官を担当していた時代も同様だ。安倍さんの口調は、育ちの良いプリンスらしい、のんびりとしたスピードで展開される、落語に出てくる三代目の話し方だった。

それが、再登場以来、面目を一新している。

もともと、滑舌は良くなかった。舌が短いのか、長すぎるのか、でなければ頬の内側に痛む場所でもあるのか、安倍さんの呂律《ろれつ》は、ラリルレロがタリラリランになるタイプの逸脱を内包していた。

しかしながら、その発音の不確かさも、ゆったりとした速度で語られている限りは、どこかお公家さんっぽい品の良さを醸していて、聴き手にそれなりの安心感をもたらしたものだった。

「ああ、この人は粗雑なところがあるようでも、人間の出来上がり方は真っ直ぐなのだな」と、事実、私はそういうふうに受け止めていた。ものの考え方や政治姿勢には必ずしも共感できなくても、少なくとも根性の曲がった人間ではない、と、そう考えて、自民党の政治家の中では、好ましく思う側の半分に分類していた。

ところが、その安倍さんのしゃべり方は、今年になってからの国会の答弁や、施政方針演説の録画をあらためて見なおしてみるに、ますますスピードアップしている。

もともと、滑舌に難があって聞き取りづらかった話の脈絡が、さらにわかりにくくなっている。

DVDを倍速再生すると、ちょうどあんな感じの聞こえ方になる。

なんというのか、最新型のDVDプレイヤーは、発話者の声のピッチ（高さ）を変えずに、映像とセリフのスピードだけをそのまま2倍速で再生する機能を備えているわけなのだが、安倍さんのしゃべり方は、その倍速再生機能で再現される、ところどころランダムに音節が脱落するセリフまわしと、おどろくほどよく似ているのだ。それほど、現状の安倍さんの口調は、ロボットじみている。

特に、原稿を読みあげる場面で、急ぎ方が際立つ。

施政方針演説は、半分ぐらいしか聞き取れなかった。

「安倍さんの演説聴いてるんだけど、何言ってるのかわかんないぞ」

「っていうか、字幕テロップが必要なレベルじゃね？」

「ロレツがクレヨンしんちゃんっぽいよね」

「ははははクレヨンしんぞうと呼ぼう」

いや、冗談ではない。私は、同じ一人の人間のしゃべり方が、5年かそこいらでこんなにはっきりと変貌した例をほかに知らない――いや、知っていると言えば知っている。双極性障害と呼ばれる疾患を持つ患者の場合、鬱の時期と躁の時期で、しゃべり方や声のトーンが明らかに変化するケースがある。そういう人を私は何人か知っている。

安倍さんが、躁鬱の患者だと言いたいのではない。

ただ、病的なものではないにしても、彼が躁状態に似た気分の変動の中にいる可能性はあるわけで、私は、その点を懸念しているのだ。一国の首相が、制御のむずかしい気分変動に見舞われているのだとしたら、それは、国難と見なさなければならない事態であるはずだからだ。

国民として歓迎できない事態

仮に、安倍さんの躁状態が、公式な病気として診断のつくものでないのだとしても、冷静であるべき立場の人間が、興奮状態にある状況を、私は、軽視して良いとは思わない。

ある筋から伝わってきている話では、第一次政権から撤退した安倍さんを再び政治の舞台に押し上げることになった薬（持病の潰瘍性大腸炎の特効薬）には、気分を高揚させる作用が含まれているらしい。でもって、一部には、安倍さんのテンションの高さを薬物由来の変化であるとする見方がある。

もちろん、こんなものは、噂に過ぎない。

けれども、こういう無責任な噂がまことしやかに囁かれているということ自体、安倍さんの「気分」の高揚ぶりが、人々の間で話題になっていることの傍証ではあるわけで、原因がどこに求められるのであれ、宰相が平常心を欠いて見えることは、国民として歓迎できる事態ではないのだ。

2014年2月5日の参議院予算委員会で、安倍首相は、特定秘密保護法を巡る一部報道に関して、「この数ヵ月間行われてきた言辞が正しかったかどうか」と不快感を示し、「検証すれば極めて有意義だ」と述べた。

気持ちはわかる。

実際、特定秘密保護法の危険性を伝える一連の新聞報道の中には、粗雑な書き方の記事がいくつかあったし、ニュースショーが実例として流していたVTRの中にも、明らかに大仰な描写の映像が混ざっていた。

ただ、答弁の後半で、安倍首相は、こう言っている。

同法は、安全保障に関わる機密情報を漏らした公務員らへの罰則を強化することが柱だが、首相は「飛んでいる（米軍の新型輸送機）オスプレイを撮り、友人に送ったら懲役5年という議論もあった」と指摘。「誰かやってくださいよ。全くそんなことは起こらない。言った人は責任をとっていただきたい」と気色ばむ一幕もあった。さらに朝日新聞について、「安倍政権打倒は社是であると（聞いた）。そういう新聞と思って読んでいる」と語った。

（読売新聞、2014年2月5日）

驚くべき発言、と申し上げなければならない。

あるいは、

「アタマ大丈夫ですか？」

と。

朝日新聞社が、全体として、安倍政権に批判的な論調の記事を掲載し続けていることは周知の事実だ。

とはいえ、だとしても、「安倍政権の打倒」が「社是」だなどということはあり得ない。千人以上を数える記者の中には少数ながら安倍シンパもいるし、メディア企業である新聞社が自社の記者に対して、特定の政治家への支持や不支持を強要できる道理もない。当然のことながら、これまでに書かれた記事にしたところで、すべてが反安倍のトーンできれいに統一されているわけでもない。いくらなんでも、数千人の社員をかかえる言論機関が、「社是」として、現政権の打倒を謳えるはずがないし、もし本当に公式な会社の方針としてそんな物騒な旗を振っているのだとしたら、その会社は新聞社ではなくて、革命組織と呼ばねばならない。

つまり、この答弁は、首相の任にある者が、国会という公の場において、特定の新聞社を名指しにした上で、事実に反する不名誉な言明を繰り広げた事例ということになる。たとえ「もののたとえ」(「社是と言っても良いほど露骨に……」ぐらいなニュアンス)で言ったのだとしても、宰相たる者の言葉としては、あまりにも軽率だ。

安倍さんがこの種の反応を示した例は、実のところ、枚挙に暇が無い。過去記事を掘ればいくらでも出てくる。たとえばこれだ。

安倍首相は12日の衆院予算委員会で、NHK経営委員の百田尚樹氏が、東京都知事選での特定候補の応援演説で、他の候補を「人間のくず」などと発言したことについて、「ある夕刊紙は私のことを、ほぼ毎日のように『人間のくず』という風に報道しているが、私は別に気にしない」と皮肉混じりに答弁した。

そのうえで、百田氏の発言については「直接確認したわけではない」と述べ、「個人的に行ったことについて、政府としてコメントすべきではない」と論評は避けた。

（読売新聞、2014年2月12日）

この記事なども、安倍さんの「気分」を端的に物語る例だ。

安倍さんは、「鬱憤を晴らす」ことや「快哉を叫ぶ」ことや「溜飲を下げる」タイプのビヘイビアに傾いていて、しかも、どうやら、節目節目で、その種の「毅然とした」態度を見せておくことで、若い世代の支持を集められると考えているフシがある。

で、その、場当たり的な「毅然」パフォーマンスが、現実にシンパの喝采を集めていることも一面の事実ではあるわけで、だからこそ「気分」の政治は恐ろしいのである。

ちなみに、答弁の中で、安倍さんを「毎日のように『人間のくず』と書いている」と名指しされた（と思われる）日刊ゲンダイ紙は、あらためて「安倍首相に関して、これまで、『人間のくず』という表現を使ったことは一度もない」旨を明言している。もっとも、同紙が、別の言い回しで、同等の内容の記事を繰り返し書いていることは、誰もが知る事実ではあるわけだが。

とにかく、仮に、安倍さんが、自身を「人間のくず」とする記事を気にかけていないのだとしても、そのことをもって百田氏が選挙演説の中で他の候補を「人間のくず」と呼んだ事実が免罪されるものではない。当たり前の話だ。

結局、この答弁が物語っているのは、安倍さんが、話の筋道やコトの理非正邪よりも、自身の気分（↑「やーい言ってやった言ってやった」ぐらいな感情）を重視しているということで、これは、やはり小児的な態度と評価しないわけにはいかない。

以上の出来事からわかるのは、宰相再任以来、安倍さんが、「早口」で、「軽率」で、「攻撃的」で、総じて「気分の変わりやすい」状態にあることだ。さらに言えば、安倍首相の態度からは、多動、多弁、行為心迫（何か行動しなければと追い立てられている状態）、作業心迫（何か作業しなければと追い立てられている状態）、観念奔逸（気が散って、次から次へと話題や考えが変わる状態）といった、躁病患者の諸症状を疑わせる特徴が、随所に読み取れるわけで、そう思ってみると、事態は、真に憂慮すべき局面に来ているのかもしれないのである。

ネトウヨの本質は「気分」である

さらに問題なのは、その安倍さんの「気分」が、政権内のみならず、安倍シンパの間で、広範に共有され、日本中に広がりつつあるように見える点だ。

安倍シンパのコアの部分を形成しているのは「ネトウヨ」と呼ばれる人々であると考えられている。その「ネトウヨ」のサンプルは、安倍さんのフェイスブックページを見に行けば、いつでも大量に閲覧することができる。

見に行ってみればわかる。

中韓両国民に対するあからさまな侮蔑の感情。

東京裁判史観への疑念と反発。

「日本」という言葉への偏愛と強烈な自尊感情。

マスコミ不信。

陰謀論への親和性。

こうした「ネトウヨ」の肉声は、外部の者の目から見ると、型にはまった同語反復に見える。実際、彼らは、個体識別が困難なほど、互いによく似ている。

ところが、仔細に観察してみると、個々の「ネトウヨ」は、それぞれに、個人としてまとまった思想や政治的主張を掲げているわけではない。

これといった組織も、目標も持っていない。

つまり、彼らは、いまのところはまだ、名称だけが先行した「言葉のアヤ」のような存在にとどまっているということだ。

その意味では、彼らが、「ネトウヨ」という集合名詞で呼ばれる度に、その言葉を発した人間に向かって、

「じゃあ、ネトウヨの定義を言ってみろよ」

と反問する態度は、たしかに、論者の痛いところを突いている。

なんとなれば、「ネトウヨ」という言葉で彼らを批評しているつもりになっている人々の多くは、その実、自分が「ネトウヨ」という用語で名指ししている対象を、明確に把握できていないからだ。

実際、「ネトウヨ」を定義することは、思いのほか困難だ。逆に言えば、「ネトウヨ」は、当面、言葉で定義できるほど堅固な存在になっていないのだ。

もっとも、「ネトウヨ」は、自分たちが容易に定義できない集団であることを自ら証明してみせることで、自分たちに確固たる思想が無いことを告白してしまっているとも言える。彼らは、主体的な運動体というよりは、様々な事象に対して暫定的に発生している反応体に近い存在なのだ。

では、共有する思想も持たず、具体的な行動目標も、将来に向けた設計図も戦略も持ち合わせていない彼らが、どうして安倍政権への支持という一点において結集できているのだろうか。

思うに、ネトウヨは、安倍さんが就任当初から発信している「気分」に感応している。その気分とは、具体的には、たとえば、中韓に対する強硬な態度として表現されているところのものだ。

中韓に「毅然とした」態度で臨むことが、中長期的に見て、あるいは当面の交渉においてどんな結果をもたらすのかという分析は度外視して、安倍さんのフェイスブックに集うコアな支持者たちは、「少なくとも宥和的に振る舞うよりは気分が良い」というその一点において強硬策を支持することを常としている。別の言い方をするなら、「スカッとする」ことをもって、最優先の政治課題とする人々が、首相の周囲に群れ集っているということだ。

かくして、近隣諸国との関係が冷え込めば冷え込むほど、時の政権に対してより大きな喝采を送る支持層が前面化する事態が招来せられているわけで、ある時期から、安倍さんは、その種のシンパの声を無視できなくなっている。というよりも、彼らに操られているようにさえ見える。実に厄介な事態だ。

ネトウヨは、安倍政権の最大の特徴である「気分」を体現した支持層で、分析する側からすると、相手が「気分」である時点で、お手上げな存在でもある。

「気分」で動く彼らは、何かコトが起こると、一斉に同じ方向に向けて動き出す。そして、その軽忽《けいこつ》な行動力と機敏な同調性が、結果として彼らの力の源泉になっている。

ということになると、この無思慮さは、当面、無敵だ。

そんなわけで、商業メディアは、昨年あたりから、露骨に、ネトウヨに媚びを売りはじめている。当のネトウヨたちに「マスゴミ」と呼ばれ、徹頭徹尾、バカにされているにもかかわらず、だ。

マスメディアのネトウヨへの秋波は、具体的には、中韓を非難する一連の特集ページとして具現化している。

昨年の夏あたりから、総合週刊誌が先を争うようにして嫌韓・嫌中の特集企画を連発するようになったのは、その種の企画が新規の読者を誘引することが明らかになっているからなのだが、このことは、ついこのあいだまでは言葉のアヤにしか見えなかったネトウヨが、現実の市場を獲得しつつあることを物語っている。どうやら、彼らの「気分」は、時代の「気分」として、より巨大な影響力を獲得するフェーズに突入しているのだ。

大切なのは、個々のネトウヨの歴史観や思想がどんなに幼稚でバラバラであっても、彼らが、その時々の時事ネタに対して、一斉に同じ「気分」を抱くと、少なくともそのピンポイントの時点においては、無視できない集団的圧力を生じさせることだ。

しかも、ネット上の掲示板やSNSにぶら下がることで、あらかじめ「共感」のスイッチを手にしている彼らは、リーダー無しで同期できる、ある種の鳥の群れみたいな自律性を備えている。

と、外交的な摩擦が勃発したり、首相の意を受けた人物が問題発言をカマす度に、ネット上に遍在する魚群の如き安倍シンパたちは、完璧な同期を保ちながら行動を起こすことになる。そういうふうに、一定数以上の人間が同じ「気分」を共有すると、世間は、鳴動せざるを得ない。おそらく、震災以降の鬱屈した空気の中で、粗暴な言論や対決的なもの言いが強い力を持つようになっている背景には、以上に述べた事情が介在している。

安倍政権の外交政策は、いまやネトウヨを中心とする人々の「気分」に、動かされはじめている。特に、中韓に対する態度は、中長期的な戦略や、これまでに積み上げてきた歴史認識や交渉過程とは無縁な、場当たり的な「気分」を優先するチンピラの喧嘩じみたやりとりに収束している。

要するに、安倍外交は、国益や継続性よりも、「痛快」な言葉だったり、「スカッとする」振る舞い方を重要視し、その局面における「気分の良さ」を追い求める、子供のわがままに堕しているということだ。

ヤンキーの美意識にも似て

この状況は、1990年代に流行した「学級崩壊」という言葉を思い出させる。

「学級崩壊」は、学校の主要な単位である「学級」が機能しなくなった状態を指す用語で、そのメカニズムは、担任教諭の権威と指導力の低下が、ある臨界点を超えて、学級内の秩序維持圧力が突如無効化するプロセスとして説明されていた。記憶しておいでの方もいらっしゃるだろう。完全なカオスに陥っていなくても、成績の良くない中学生の美意識の中には、常に一定量の反抗意識がうごめいている。それは、学級内の秩序がある程度以上混乱すると、いきなりクラスの掟になる。

と、生徒の間では、公然と教師を侮蔑したり、校則違反の服装で登校する「秩序紊乱者《びんらん》」

が、俄然、支配的な影響力を発揮するようになる。ことここに至ると、「ヤンキー」の価値意識が学校の規範を支配下に置く逆転が完成するわけで、そうなってしまった世界では、コワモテが崇拝され、バッドテイストが賛美され、法や道徳や規範意識よりも、悪童集団としての「仲間」の「絆」が場を支配することになる。なんというのか、ゾクの美意識である。

私は、安倍政権の周辺で、この「ヤンキー」風の美意識ないしは気分が、力を持ち始めている感じに、以前から、不穏な圧迫を感じている。彼らは、悪ぶっている中学生が、隣町の中学校の生徒に決して道を譲ってはいけないと思い込むみたいな種類の縄張り意識で、あらゆる課題に対峙している。学級崩壊した教室の中にいる中学生は、対人関係において、プライドの防衛を最優先の課題として考える。彼らにとっては、良い成績を取ることや部活でレギュラーになることよりも、なにより「ナメられないこと」が死活問題になっている。その異様なプライドの高さは、自信の無さの裏返しでもあるわけだが、とにかく、彼らは、突っ張ることが男のたったひとつの勲章だとこの胸に信じて生きていたりする。だから、他人の話に耳を傾けない。左の耳を傾けると、右の耳を殴られるからだ。

安倍シンパの間では、昨年来、韓国の朴槿恵《パククネ》大統領の外交姿勢を、「告げ口外交」と呼んで蔑むマナーが一般化している。私は、この「告げ口」という言葉に、安倍さんの周囲に集まる人々の典型的な「生徒っぽさ」というのか、「ギャングエイジっぽさ」を感じるのだ。

以下、詳しく説明する。

欧米の政治家との首脳会談の席で日本の歴史認識に言及したり、米国の下院や州議会に従軍慰安婦の問題を持ち込もうとしている朴槿恵大統領の振る舞い方が、わが国の保守層から見て、「告げ口」に見えるであろうことは、私にもよくわかる。

とはいえ、「告げ口」というこのどうにも子供っぽい言葉を、タブロイド紙や週刊誌だけでなく、政府関係者や一般紙が使ってしまっている昨今の現状には、問題を感じざるを得ない。

というのも、「告げ口外交」という言葉を使う側の「気分」が、あまりにも幼稚に思えるからだ。

「告げ口」は、不良中学生コミュニティーの符牒だ。

告げ口をする人間を「裏切り者」として排除する思想は、暴力団の構成員が、密告者を不《ふ》倶戴天《ぐたいてん》の敵として憎む心情に通じるもので、アウトロー集団の定番の心理と言って良い。が、それ以前に、先生に言いつけ口をする子供を嫌うのは、子供の世界の掟であり、ガキの感傷だ。

まあ、アウトローを、子供の理屈を一生涯押し通している人間であるというふうに考えれば、それはそれで筋が通る。いずれにせよ、彼らは「告げ口」を嫌う。なんとなれば、それは、「仲間の絆」を至上価値とする、彼らの世界への最大の裏切りだからだ。

もうひとつ注意せねばならないのは、「告げ口」は、何かに隷属している人間が使う言葉だということだ。それもそのはず、「告げ口」の持ち込み先が、中学生にとっての教師に代表される「上位者」であることからもわかるように、誰かに「叱られる」立場の人間でないと、そもそもこの言葉は使わないはずなのだ。

要するに、これは、どうにも幼稚な言葉なのだな。

朴槿恵大統領を「告げ口」の実行犯と認定した場合、「アメリカ」ないしは「国際社会」が、彼女の告げ口の報告先になる。が、同時に、朴槿恵氏の「告げ口」を告発することは、それをしている人々が「アメリカ」ないしは「国際社会」に「叱られる」事態を恐れている旨を証明していることにもなる。なんとも、みっともない話ではないか。

安倍政権に連なっているのは、思想や綱領を共有する組織であるよりは、もっと安易な「気分」をともにしている人々だ。

であるから、歴史認識についての発言も、その場その場でコロコロと変わる。

たとえば、

旧日本軍の慰安婦問題をめぐる1993年の河野官房長官談話をめぐり、桜田義孝・文部科学副大臣が3日、日本維新の会の国会議員らが開いた「河野官房長官談話の見直しを求める国民大集会」に出席し、「皆さんと心は同じ、考え方も同じだ」と賛意を示した。

（朝日新聞、2014年3月4日）

この発言は、安倍政権にとって「アメリカに叱られる」事態を引き起こしかねないものだった。それゆえ、菅官房長官は、その日のうちに、桜田副大臣を「注意」して、事態の沈静化をはかった。また、3月14日には、首相自らが、参院予算委員会で、河野談話を見直す考えがない旨を明言して、あらためて政府としての見解をはっきりさせている。

ところが、3月23日になると、今度は首相の側近である萩生田《はぎゅうだ》光一総裁特別補佐が、民放の番組に出演して、「新たな事実が出てくれば、新しい談話を発表すればいい。（安倍首相も）否定していない」という発言を漏らす。

外交の根本であるはずの歴史認識が、なぜこんなにも軽々に打ち捨てられ、頻繁に改変され、突出し、訂正され、再び物議を醸しているのかというと、政権を構成する人々の中で共有されているものが、歴史認識や大局を見た政策ではなくて、歴史に対する「気分」に過ぎないからだ。

「気分」が支配する国には住めない

憲法についても同様だ。

安倍さんは、ひとつひとつの条文について、逐語的な検討を加えた上で改憲を言い出していたのではない。だからこそ、当面の改憲が困難と見るや、さっさと「解釈改憲」に方針転換してしまう。

書き換えるのが面倒くさいから、読み替えることにした、と。女子高生が付けまつ毛を変えることで人生の改変を試みるのと同じことだ。顔を変える必要は無い。鏡の見方を工夫すれば良い。もっとアタマの良いお嬢さんは、鏡に付けまつ毛を書き込む。

こうした姿勢は、言葉の端々から感じ取ることができる。安倍さんは、様々な政策課題について、ろくに考えていない。立案もしていないし、吟味もしていない。

ただただ、急いでいる。

まるで余命を宣言された患者が、生命のあるうちにすべてを片付けようとしているみたいに、すべての政策課題を超スピードでやっつけにかかっている。

その、「追い立てられる」感じが、しゃべり方に顕現していることは既に書いたが、安倍さんの焦りは、いまや、人事、外交、経済、憲法といった、すべての分野において、ポロポロと顕在化しはじめている。

おそらく、首相は、自分が政権の中枢にいる間に、ご自身がかつて「戦後レジーム」と呼んだ諸問題を、すべて決着に持ち込みたいと考えているのだと思う。

ということはつまり、首相は、祖父の代から数えてかれこれ70年近くを費やして形成されてきた戦後体制の一切合切を、これから先のたった数年のうちにひっくり返そうとしていることになるわけだ。

いかなる勝算があって、安倍さんはそれをやろうとしているのだろうか。

私は、説明を聴いた記憶がない。

戦後レジームという言葉についても、

「戦後の悪しき体制のことでしょ？」

ぐらいな気分しか伝わって来ない。

「ほら、東京裁判で悪者にされたのがケチのつきはじめだったと思うんだよね」

みたいな感覚だ。

「1年の時に万引きでパクられてから色々とダメになっちまった」

と思い込んでいる不良中学生とどこが違うんだ？

万引きを反省するどころか、警察を逆恨みしたり、商店主の苦情を憎むことで、どうやってやり直せると思っているんだ？

追い立てられている人間は、「気分」のみに従う。彼は、気に入らないものを無視し、神経に障る相手を嫌い、不愉快な対象を葬り去ろうとする。

しかも、この「気分」は、同じような、ものごとを深く考えない層の人々によって、広く共有されていて、いつしか、時代の気分に変貌しようとしている。

安倍政権の珍しい特徴は、側近とされる人々の口から、次々と首相の「本音」が代弁されてくる点だ。最も大切な言葉は、安倍首相本人の口からではなくて、近しい他人の舌の根から出てくる。

安倍さんは、おそらく、狙ってその仕掛けを演出している。

だからこそ、彼は、メディアの取材が集まる場所に自分の息のかかった人間を配置することに執心しており、就任以来、NHKの経営委員を入れ替えたり、内閣法制局の長官人事に介入したりと、もっぱら「人事」の部分で、影響力を発揮しようとしているのだ。

しかも、首相の内心は、気持ちの通じ合っている人間であれば、誰でも代弁できる。なぜかといえば、首相の内心にあるのは、「思想」や「政策」ではなくて、「気分」だからだ。これなら、誰にでも代弁できる。

キャッチフレーズにしてからが、そもそも、「気分」以上のものを表現していない。

事実、「日本を取り戻す」と言う時の「日本」が、いったいいつの時点の、どの「日本」であるのかを、安倍首相は、一度たりとも自分の言葉で説明していない。昭和の高度成長期の日本なのか、戦前の勇ましい日本なのか、明治期の若々しい日本なのか、それとも、はるか昔の平安の世のみやびな日本であるのか、いずれの日本も「イメージ」に過ぎないと言ってしまえばその通りではあるのだが、そのあまたある妄想のうちのどの時代の気分を取り戻すのかということさえもが、結局のところ、一度たりとも明言されていないのだ。

ついでに言えば、「取り戻す」のが、何なのかについても、説明は皆無だ。

「取り戻す」と宣言している以上、かつての「日本」の中にあった「何か」が失われたことを証明せねばならないはずだし、その「何か」が具体的に「何」であるのかを、明らかにしないと話の筋道が通らない。しかしながら、この点についても、安倍さんはついぞ言葉にしたことがない。

「美しい日本」という、第一次政権以来のキャッチも、「新しい日本」という改訂版の書籍のタイトルとつながるスローガンも、その意味するところは、一貫して謎のままだ。

これでは、午前2時のコンビニの駐車場にタマっているヤンキーが、

「やるぜ!」

と言ってるのと少しも変わらない。

「オレもやるぜ!」

「オレもだ。なんかやる気になってきた」

「何をやるんだ?」

「知らねえし」

「わかんねえし」

「そういう質問ムカつくし」

「やめろし」

わかった。質問はやめる。追及も断念する。

好きにしてくれ。

安倍さんにとっては、あれこれうるさく質問したり説明を求めたりせずに、ただただ純真なまなざしでついてくる者だけが、美しい国のメンバーだということなのだろう。

気分が国を作るというのは、そういうことだ。

私はごめんだ。

私は、自分の国に住む。

安倍政権による「民主主義の解体」が意味するもの

想田和弘

想田和弘（そうだ・かずひろ）

1970年栃木県生まれ。映画作家。東京大学文学部宗教学・宗教史学科卒。スクール・オブ・ビジュアルアーツ映画学科卒。映画作品に『選挙』（07年、ベオグラード国際ドキュメンタリー映画祭でグランプリ受賞など）、『精神』（08年、釜山国際映画祭で最優秀ドキュメンタリー賞など）、『Peace』（2010年、香港国際映画祭で最優秀ドキュメンタリー賞など）、『演劇1』『演劇2』（2012年、ナント三大陸映画祭で「若い審査員賞」受賞）、『選挙2』（2013年）がある。著書に『精神病とモザイク』（中央法規出版）、『なぜ僕はドキュメンタリーを撮るのか』（講談社現代新書）、『演劇vs映画』『日本人は民主主義を捨てたがっているのか？』（ともに岩波書店）がある。

「自民党改憲草案」の分析から

安倍政権はいったいどこに向かっているのか？　そして、日本はこれからどうなってしまうのか？

内田樹先生から本稿のご依頼をいただいたとき、二つ返事でお引き受けしたのですが、いざ執筆に取りかかる段になって、正直、頭を抱えてしまいました。先生のメールにもありましたが、未来のことを予測する作業には変数が多すぎるので、とても難しいのです。

しかし、幸か不幸か、私たちは安倍自民党が目指している「理想の国家像」については、かなり詳しく知ることができます。すなわち、2012年4月に公表された「自民党改憲草案」（「日本国憲法改正草案）の存在です。

「自民党改憲草案」を詳しく分析すれば、少なくとも自民党が進みたがっている方向は分かります。そして、それは未来を予測する上で、重要な手がかりになるはずだと僕は考えています。安倍政権の究極のゴールが分かっていれば、彼らがそこに到達するためにどんな戦略を立て、どんなステップを取り得るのか、少しは予想し易くなるからです。

もちろん、「改憲草案」は彼らが抱いている理想（もしくは妄想）にしかすぎないので、現実がその通りに進むとは限りません。また、同案はまだ自民党が野党で、谷垣禎一氏が総裁を務めていたときに公開されたものなので、あまり参考にならないのではないかという疑念もあります。後述するように、同案はあまりに憲法としてお粗末で、今風にいえば「トンデモ」な部類に入るクオリティなので、真面目に向き合うのもバカらしいという意見も、特にベテランの記者や論客から聞こえてきます。そして、常識的に考えれば、そのような意見には一定の説得力があるようにも思います。

しかし、思い出していただきたいのですが、安倍政権の重要な特徴のひとつは、彼らの行動がことごとく常軌を逸していることにあります。秘密保護法の強行採決にせよ、NHKの経営委員にネトウヨのような人たちを登用したことにせよ、これまでの常識では考えにくいことばかりを、安倍政権は現実に実行している（っていうか、安倍氏ご自身がネトウヨのような歴史否認主義的な発言を繰り返しています）。ベテランの論客が長いキャリアの中で育ててこられたような経験則は、こと安倍政権の動きを分析するに当たっては、あまり役に立ちそうにないのです。

つまり「安倍政権」という現象は、もはや常識的な尺度では測れない域に達している。なんでもあり、なのです。私たちは、まずそのことを冷徹に認識する必要があると思います。そうでないと、ついつい「安倍さんといえども、いくらなんでもそこまではしないだろう」という常識的な考えが頭をもたげて、判断が歪んでしまいかねないのではないでしょうか。

いずれにせよ、安倍自民党は野党時代に発表した草案を、政権を獲った後も撤回も修正もしていません。草案全文のＰＤＦファイルは今でも自民党のホームページに載っています。

同党の憲法改正推進本部のメンバーをみれば、最高顧問に現政権を率いる安倍晋三氏と麻生太郎氏の名前もあります。したがって、それを「野党時代に作ったものだから」という理由で真面目に取り合わないのは、かなり危険な態度だと思うのです。

「戦争の放棄」の放棄

では、「自民党改憲草案」からみえる、自民党にとっての「理想の国家像」とは、どのようなものなのでしょうか。拙著『日本人は民主主義を捨てたがっているのか?』(岩波ブックレット)と一部重複しますが、「安倍政権の進む方向を予測するため」という観点から、改めてそのポイントをおさらいしたいと思います。

改憲草案の第一の特徴は、日本国憲法の重要な特徴である「戦争の放棄」を「放棄」している点にあります。周知の通り、日本国憲法の第二章は「戦争の放棄」と銘打たれていますが、改憲案ではそれを「安全保障」と書き換え、戦争に対する態度・スタンスを根本的に転換しているのです。

【現行憲法】 第二章　戦争の放棄

第九条 日本国民は、正義と秩序を基調とする国際平和を誠実に希求し、国権の発動たる戦争と、武力による威嚇又は武力の行使は、国際紛争を解決する手段としては、永久にこれを放棄する。
2　前項の目的を達するため、陸海空軍その他の戦力は、これを保持しない。国の交戦権は、これを認めない。

【自民改憲草案】　第二章　安全保障
（平和主義）
第九条　日本国民は、正義と秩序を基調とする国際平和を誠実に希求し、国権の発動としての戦争を放棄し、武力による威嚇及び武力の行使は、国際紛争を解決する手段としては用いない。
2　前項の規定は、自衛権の発動を妨げるものではない。

改憲案が第2項で記すところの「自衛権」とは、自国に対する武力行使に対して応戦する権利である個別的自衛権のみならず、同盟国など他国への攻撃を自国への攻撃とみなして応戦できる集団的自衛権を含みます。

もっと「ぶっちゃけて」いえば、米国が他国から攻撃されたときに日本もその戦争に参加できるという、権利なんだか義務なんだかよくわからないシロモノが「改憲案」では追加されているわけです。

もっとも、集団的自衛権を普通に解釈するならば、同盟国（＝米国）が他国から攻撃されない限り、日本は軍隊（改憲案では「国防軍」）を派遣できません。つまり、イラク戦争やリビア攻撃などには参加できないことになります。

しかし、自民党改憲案では、第九条の二を新設し、集団的自衛権を超えたあらゆる戦争参加への道を開いています。

【自民改憲草案（新設）】

（国防軍）

第九条の二　我が国の平和と独立並びに国及び国民の安全を確保するため、内閣総理大臣を最高指揮官とする国防軍を保持する。

（略）

3　国防軍は、第一項に規定する任務を遂行するための活動のほか、法律の定めるところにより、国際社会の平和と安全を確保するために国際的に協調して行われる活動及び公の秩序を維持し、又は国民の生命若しくは自由を守るための活動を行うことができる。

ここでいう「国際社会の平和と安全を確保するために国際的に協調して行われる活動」に、

米国が行うあらゆる戦争が含まれ得ることは、わざわざ指摘するまでもないでしょう。ベトナム戦争も、アフガニスタン戦争も、イラク戦争も、すべて「国際社会の平和と安全を確保する」との大義名分で行われているからです。つまり、自民党が目指している日本とは、「米国の戦争に、いつでも、どこでも、いかなるときでも参戦できる国」であるといえます。身も蓋もない表現をするならば、日本軍を米軍の下請けとして使えるようにするのです。

また、国防軍の任務を「我が国の平和と独立並びに国及び国民の安全を確保するため」と非常に曖昧に規定する以上、憲法上、先制攻撃を含めたあらゆる武力行使が可能になります。核武装すら合憲になるのです。

「基本的人権」を骨抜きに

改憲草案の第二の特徴。それは、日本国憲法のキモである人権保障に関する条文を改変し、基本的人権を事実上骨抜きにしていることにあります。

まず、自民党改憲草案における基本的人権は、人間が生まれながらに無条件に持っている「自然権（天賦人権説）」の思想に基づいているわけではありません。それは義務と引き換えに国家によって与えられる人権であり、国家への義務を果たさない人には保障されないという、独特の考えに基づいています。つまり、「自然権」を宣言した1776年の「バージニア権利章典」以後の人類の政治思想を踏まえていないのです。

【現行憲法】 第十二条 この憲法が国民に保障する自由及び権利は、国民の不断の努力によつて、これを保持しなければならない。又、国民は、これを濫用してはならないのであつて、常に公共の福祉のためにこれを利用する責任を負ふ。

【自民改憲草案】 第十二条 この憲法が国民に保障する自由及び権利は、国民の不断の努力により、保持されなければならない。国民は、これを濫用してはならず、自由及び権利には責任及び義務が伴うことを自覚し、常に公益及び公の秩序に反してはならない。

（傍点は筆者）

実際、自民党は改憲案発表と同時に発表した「Q＆A」（日本国憲法改正草案Q＆A）でも、次のように説明し、天賦人権説を否定しています。

権利は、共同体の歴史、伝統、文化の中で徐々に生成されてきたものです。したがって、人権規定も、我が国の歴史、文化、伝統を踏まえたものであることも必要だと考えます。現行憲法の規定の中には、西欧の天賦人権説に基づいて規定されていると思われるものが散見されることから、こうした規定は改める必要があると考えました。

（日本国憲法改正草案Q&A、13頁）

この点については、僕自身、改憲草案・起草委員会のメンバーである片山さつき参議院議員とツイッターで以下のようにやりとりしました。このやりとりからは、自民党改憲草案作りに携わったメンバーが、どのような考えのもとで人権条項に手を入れたのかを再確認できます。

片山　国民が権利は天から付与される、義務は果たさなくていいと思ってしまうような天賦人権論をとるのは止めよう、というのが私たちの基本的考え方です。国があなたに何をしてくれるか、ではなくて国を維持するには自分に何ができるか、を皆が考えるような前文にしました！

想田　自民党の改憲案を作ったメンバーの片山さつきは、「国があなたに何をしてくれるか、ではなくて国を維持するには自分に何ができるか、を皆が考えるような前文にしました！」とツイート。こんな考えで憲法が作られたら戦前に逆戻りだってことに、本人も気づいてない。

片山（想田宛）　戦前!?　これは1961年のケネディ演説。日本国憲法改正議論で第三章、国民の権利及び義務を議論するとき、よく出てくる話ですよ。

想田（片山宛）　国のために国民が何をするべきかを憲法が定めるなら、徴兵制も玉砕も滅私奉公も全部合憲でしょう。違いますか？　また、ケネディの就任演説と憲法の前文を同レベルで論じることそのものが、驚愕です。憲法と演説は違います。つーか、そのケネディ演説ですら天賦人権説を採っているんですよw。あなたみたいな不勉強で国家主義的な政治家が出てくることを見越したから、第97条が日本国憲法には盛り込まれたのでしょう。あなたがた自民党改憲チームが97条を削除したのも頷けます。

ただし、この点について世論や専門家の非難を受けた自民党は、後に慌ててQ＆Aの「増補版」を出し、次のように釈明しています。

人権は、人間であることによって当然に有するものです。我が党の憲法改正草案でも、自然権としての人権は、当然の前提として考えているところです。（37頁）

しかし、改憲草案そのものに書かれた「自由及び権利には責任及び義務が伴う」という記述が撤回されない限り、そのような説明を素直に信じるわけにはいかないでしょう。結局、憲法を解釈する際に絶対の基準になるのは条文だからです。

「自由及び権利には責任及び義務が伴う」という条文の記述からは、例えば「納税の義務が果たせない高齢者や障害者や失業者には自由や権利を保障しない」という解釈さえ導くことができます。極端に聞こえるかもしれませんが、改憲草案を字義通りに読めば、そういう解釈がなされる可能性は排除できません。

しかも改憲草案には、やたらと国民の「義務」が追加されています。現行憲法における国民の義務には「教育」（第26条）、「勤労」（第27条）、「納税」（第30条）の三つしかありませんが、それに比べると大幅な増加です。

青井未帆『憲法を守るのは誰か』（幻冬舎ルネッサンス新書）の分類に従い、改憲草案で示された「義務」を列挙してみましょう。

国旗・国歌の尊重義務（第3条）、領土・資源の保全に協力する義務（第9条）、個人情報保護の義務（第19条）、家族の相互扶助の義務（第24条）、環境保全に協力する義務（第25条）、教育を受けさせる義務（第26条）、勤労の義務（第27条）、納税の義務（第30条）、地方自治体の役務を負担する義務（第92条）、緊急事態において国その他の指示に従う義務（第99条）、憲法尊重義務（第１０２条）。

「自由及び権利には責任及び義務が伴う」という記述と考え合わせると、ここに列挙した義務を果たさない人間には、「自由及び権利」を保障しないと読めるのです。

「公益及び公の秩序」が意味するもの

それだけではありません。現行憲法では、人権を制限する概念として「公共の福祉」という表現が使われていますが、自民党改憲草案では、それが「公益及び公の秩序」に置き換えられています。

【現行憲法】 第十三条 すべて国民は、個人として尊重される。生命、自由及び幸福追求に対する国民の権利については、公共の福祉に反しない限り、立法その他の国政の上で、最大の尊重を必要とする。（傍点は筆者）

【自民改憲草案】 第十三条 全て国民は、人として尊重される。生命、自由及び幸福追求に対する国民の権利については、公益及び公の秩序に反しない限り、立法その他の国政の上で、最大限に尊重されなければならない。（傍点は筆者）

「〝公共の福祉〟も〝公益及び公の秩序〟も似たようなものじゃないか」と思う人も多いと思いますが、憲法学の通説では、これらは全く異なる概念として理解されています。

思い切って簡略化して述べると、日本国憲法で「公共の福祉に反しない限り」というのは、一般に「他人の人権を侵さない限り」という意味であると解釈されています。「個人の人権を制限できるのは、別の個人の人権と衝突する場合のみ」という考え方で、これを「一元的内在制約説」と呼びます。個人の人権を最上位のものとして規定する日本国憲法の、重要な特色です。

しかし、自民改憲草案の「公益及び公の秩序」という表現は、それとは似て非なる概念です。「公益や秩序」、言い換えれば「国や社会の利益や秩序」が個人の人権よりも大切だということになります。そして、何が公益であり、どういう行為が公の秩序に反するのかという問題は、国によって恣意的に拡大解釈される恐れがあります。こういう発想は「一元的外在制約説」と呼ばれ、大日本帝国憲法の下における「法律の留保付きの人権保障」と変わらないとされています。

このように自民党が言葉を置き換えたのはもちろん、そうした学説上の議論を踏まえてのことです。その証拠に、自民党は第12条や第29条でも、同様の置き換えを行っていますし、「日本国憲法改正草案Q&A」には、次のような説明があります。確信犯なのです。

従来の「公共の福祉」という表現は、その意味が曖昧で、分かりにくいものです。そのため学説上は「公共の福祉は、人権相互の衝突の場合に限って、その権利行使を制約するものであって、個々の人権を超えた公益による直接的な権利制約を正当化するものではない」などという解釈が主張されています。今回の改正では、このように意味が曖昧である「公共の福祉」という文言を「公益及び公の秩序」と改正することにより、憲法によって保障される基本的人権の制約は、人権相互の衝突の場合に限られるものではないことを明らかにしたものです。（13頁）

この「公益及び公の秩序」という概念は、表現の自由を保障した第21条を骨抜きにするためにも用いられています。

【現行憲法】 第二十一条　集会、結社及び言論、出版その他一切の表現の自由は、これを保障する。

【自民改憲草案】 第二十一条　集会、結社及び言論、出版その他一切の表現の自由は、保障する。

2　前項の規定にかかわらず、公益及び公の秩序を害することを目的とした活動を行い、並びにそれを目的として結社をすることは、認められない。

第2項を新設することで、第1項で保障したはずの表現の自由を、事実上無効化しています。先に述べたように、何をもって「公益及び公の秩序を害することを目的とした活動」とするかは極めて曖昧で、権力者によっていくらでも恣意的に解釈可能だからです。

実際、本書のような書物を出版する活動も「公益及び公の秩序を害することを目的とした活動」と認定される可能性はないとはいえないでしょう。そしてもし認定されれば、本書は違法とされ発禁処分を受けるかもしれませんし、編集者や僕を含めた執筆者は逮捕されるかもしれません。そして出版社である晶文社は閉鎖されるかもしれません。

「この現代にそんなバカなことが起きるわけがない」と思うかもしれませんが、少なくともそのような可能性が「ない」とは断言できないのです。

事実、お隣の中国の憲法は自民党改憲草案と似たような構造です。第35条で「中華人民共和国公民は、言論、出版、集会、結社、行進及び示威の自由を有する」と表現の自由を保障しつつ、第51条には「中華人民共和国公民は、その自由及び権利を行使するに当たって、国家、社会及び集団の利益並びに他の公民の適法な自由及び権利を損なってはならない」とも明記し、第35条を無力化しています。したがって国家による言論弾圧は、中華人民共和国憲法の下では合憲なのです。

立憲主義の否定

これらの改変からは、自民党改憲草案が「個人の権利・自由を確保するために国家権力を制限する」（芦部信喜『憲法』岩波書店）という立憲主義の考えに基づいて作られたわけではないことが分かります。それはむしろ国家権力をあらゆる縛りから解き放ち、代わりに日本国民を縛り上げるものだといえるでしょう。その本質は、次の改変にも端的に現れています。

【現行憲法】 第九十九条 天皇又は摂政及び国務大臣、国会議員、裁判官その他の公務員は、この憲法を尊重し擁護する義務を負ふ。

【自民改憲草案】 第百二条 全て国民は、この憲法を尊重しなければならない。
2 国会議員、国務大臣、裁判官その他の公務員は、この憲法を擁護する義務を負う。

憲法が縛る対象が、国家権力ではなく国民になっています。加えて、憲法遵守義務から「天皇又は摂政」がはずされています。

そして極めつけは、第9章「緊急事態」の新設です。

第九章　緊急事態

（緊急事態の宣言）

第九十八条　内閣総理大臣は、我が国に対する外部からの武力攻撃、内乱等による社会秩序の混乱、地震等による大規模な自然災害その他の法律で定める緊急事態において、特に必要があると認めるときは、法律の定めるところにより、閣議にかけて、緊急事態の宣言を発することができる。

（略）

（緊急事態の宣言の効果）

第九十九条　緊急事態の宣言が発せられたときは、法律の定めるところにより、内閣は法律と同一の効力を有する政令を制定することができるほか、内閣総理大臣は財政上必要な支出その他の処分を行い、地方自治体の長に対して必要な指示をすることができる。

2　前項の政令の制定及び処分については、法律の定めるところにより、事後に国会の承認を得なければならない。

3　緊急事態の宣言が発せられた場合には、何人も、法律の定めるところにより、当該宣言に係る事態において国民の生命、身体及び財産を守るために行われる措置に関して発せられる国その他公の機関の指示に従わなければならない。この場合においても、第十四条、第十八条、第十九条、第二十一条その他の基本的人権に関する規定は、最大限に尊重されなければならない。

4　緊急事態の宣言が発せられた場合においては、法律の定めるところにより、その宣言が効力を有する期間、衆議院は解散されないものとし、両議院の議員の任期及びその選挙期日の特例を設けることができる。

この章が意味するのは、戦争や東日本大震災のような「緊急事態」の際には、内閣総理大臣が「憲法を超越して何でもできる」ということです。

そう、首相は何でもできるのです。

法律と同じ効力を持つ「政令」は好き勝手に制定できますし、極端な話、それに沿って政敵を牢獄に放り込んだり、処刑したりすることもできるでしょう。政府批判をする新聞社やテレビを閉鎖したり、外国に宣戦布告することも自由にできるでしょう。徴兵を拒否する人は逮捕できるかもしれません。これをナチスの全権委任法と同じだと指摘する専門家もいますが、決して大げさな言い方ではないのです。

いずれにせよ、今の自民党が目指す「理想の国家像」とは、一言でいえば次のように要約できるのではないでしょうか。

「国民の基本的人権が制限され、国家権力がやりたい放題できる、戦争のできる全体主義の国」

どうでしょう。僕の申し上げていることは、大げさでしょうか。

安倍自民党の戦略

では、安倍自民党は彼らの「理想の国家」をどのように実現しようとしているのでしょうか。

まず第一に想定されるのは、憲法そのものの改定です。そしてそれを目指すとしたら、安倍氏が２０１２年の衆院選前から言及し始めた、改正発議要件を定めた第96条を先行して改定する手法を採ることが考えられます。第96条の改正発議要件が緩和されれば、あらゆる条文の改定を行いやすくなるからです。

【現行憲法】 第九十六条　この憲法の改正は、各議院の総議員の三分の二以上の賛成で、国会が、これを発議し、国民に提案してその承認を経なければならない。この承認には、特別の国民投票又は国会の定める選挙の際行はれる投票において、その過半数の賛成を必要とする。

【自民改憲草案】第百条 この憲法の改正は、衆議院又は参議院の議員の発議により、両議院のそれぞれの総議員の過半数の賛成で国会が議決し、国民に提案してその承認を得なければならない。この承認には、法律の定めるところにより行われる国民の投票において有効投票の過半数の賛成を必要とする。

安倍首相は2014年2月3日の衆院予算委員会の答弁で、改めて96条の先行改定に意欲を示し、その考えを捨てていないことを明らかにしています。

安倍晋三首相は4日午前の衆院予算委員会の集中審議で、憲法改正の発議要件を緩和する96条改正について「国会議員のたった3分の1で、国民の6、7割がもし憲法改正を望んでいたとしても、それを拒否するのがいいのか。そういう意味で96条は改正すべきだ」と改めて意欲を示した。日本維新の会の小沢鋭仁国対委員長への答弁。（略）96条改正に関しては「残念ながらまだ世論調査で十分な賛成を得ていない」としながらも、「今後も96条改正の必要性を訴えていきたい」と語った。

（産経新聞デジタル版、2014年2月4日）

しかし、答弁の中で首相自身も認めているように、第96条の改定に対する憲法学界や世論の反発は強く、ハードルはかなり高いといえます。また、憲法そのものをいじると相当に目立つので、中国や韓国のみならず、対中関係を気にするアメリカからも非難を受ける可能性が高く、現実的な選択肢とはいえません。

したがって安倍政権は、少なくとも当面は、憲法そのものの改定は目指さないのではないかと思います。もちろん安倍氏らは折に触れて改憲への「意欲」を示すでしょうが、それはむしろ改憲派へのリップサービスであり、改憲反対派への目くらましとしての発言ではないでしょうか。

僕はむしろ、自民党の戦略の核心は、2013年の夏、麻生太郎副首相がナチスを引き合いに出した発言にあると思います。つまり、「誰も気づかない」ように、「憲法をいじらないのに実質的に改憲したのと同じ」状態を少しずつじわじわと達成していくのです。

今回の憲法の話も、私どもは狂騒の中、わーっとなったときの中でやってほしくない。(略)靖国神社の話にしても、静かに参拝すべきなんですよ。騒ぎにするのがおかしいんだって。静かに、お国のために命を投げ出してくれた人に対して、敬意と感謝の念を払わない方がおかしい。静かに、きちっとお参りすればいい。(略)昔は静かに行っておられました。各総理も行っておられた。いつから騒ぎにした。マスコミですよ。いつのときからか、騒ぎになった。騒がれたら、中国も騒がざるをえない。韓国も騒ぎますよ。だから、静かにやろうやと。憲法は、ある日気づいたら、ワイマール憲法が変わって、ナチス憲法に変わっていたんですよ。誰も気づかないで変わった。あの手口学んだらどうかね。わーわー騒がないで。

（朝日新聞デジタル版、2013年8月1日）

人事権の濫用

では、憲法を静かに実質的に変えていくための「ナチス流の手口」とは、いったいどのようなものでしょう。

一言で要約するならば、それは「既に彼らが政権与党として手にしている強大な権力を、臆面もなく使用すること」にあるといえるのではないでしょうか。

その一つは、人事権の濫用です。例えば、内閣法制局長官の人事です。

安倍内閣は内閣法制局の山本庸幸《つねゆき》長官を退任させ、後任に小松一郎・前駐仏大使をあてました。内閣法制局長官には同局の次長が昇格するのが慣例なので、法制局の経験がない小松氏を選んだのは極めて異例の人事です。

その狙いは、あまりにも明白でしょう。

内閣法制局は「法の番人」とも呼ばれ、内閣が国会に提出する法案を審査したり、日本政府の憲法解釈を統一的にまとめたりする役割を担っています。憲法第9条に関して、法制局はこれまで一貫して、日本政府が集団的自衛権を行使するのは憲法違反だとしてきたわけですが、小松氏は現行憲法のままでも集団的自衛権を行使できるという「持論」の持ち主です。小松氏を起用することで内閣法制局に集団的自衛権の行使を容認させ、憲法第9条を実質的に変えてしまおうという狙いは明らかです。

その効果はすでに現れ始めています。2014年2月12日、横畠裕介内閣法制次長は入院中の小松長官の事務代理として衆院予算委員会に出席し、集団的自衛権を含んだ政府の憲法解釈について、「従前の解釈を変更することが至当だとの結論が得られた場合には変更することがおよそ許されないというものではない」（東京新聞夕刊、2月12日）との答弁をしました。

同じ記事によれば、内閣法制局はこれまで「（集団的自衛権を）憲法上認めたいという考えがあり、それを明確にしたいということであれば、憲法改正という手順を当然採らざるを得ない」（1983年、角田礼次郎長官）という立場を採ってきたわけですから、この答弁は大きな方針転換への予兆といえます。

三権分立の原則からすれば、そもそも行政府に属する内閣法制局が事実上の「憲法の番人」の役割を担わされていること自体、決して望ましいこととはいえません。本来ならばその役割は司法が担うべきであり、改善が必要です。そういう意味では、今回のサプライズ人事による安倍氏の奇襲攻撃は、「行政府の一部局に憲法の見張り番を担わせることの危うさ」を示す事件ともいえます。

とはいえ、憲法という国の最高法規を、首相の人事権ひとつでくつがえしてしまおうという行為は、立憲主義の観点からみれば絶対に許されることではありません。したがって歴代の首相もさすがに控えてきた手法なのでしょう。でも、安倍氏にはそういうためらいも良識もみられないのです。

しかし、そういう安倍首相を「民主主義を蹂躙するのか！」と言って非難するのは、とても虚しい行為でもあります。なぜなら、改憲草案からも分かるように、安倍首相は民主主義を廃止することを目指している政治家だからです。民主主義の廃止を望む人間が、そもそも民主的なプロセスや価値を守るはずはない。残念ながら、私たちはそのことをよく肝に銘じておかなくてはなりません。

人事権の濫用は、内閣法制局長官だけにとどまりません。

NHKの経営委員会に首相お気に入りの安倍カラーな人々を送り込み、公共放送の基本的役割さえ理解しない籾井《もみい》勝人会長を就任させたことも、記憶に新しい事件です。

この人事によって、今後NHKが公共放送であることをやめ、籾井会長が言うように「政府が右ということを左というわけにはいかない」ような政府広報に成り下がってしまうのかどうかは、今後の推移を見守らなければ断定できないでしょう。

しかし、会長や経営委員会の反応を恐れて現場のスタッフやデスクが萎縮し、安倍政権に都合の悪い情報を報じることに消極的になることは充分に予想されます。秘密保護法についての表面的な報道姿勢などを観ていると、すでに萎縮効果は生じているのではないかと疑われます。

現代社会では、立法・行政・司法の三権に加えて、「報道」はひとつの権力です。中でもＮＨＫは強大な権力だともいえます。

安倍政権は人事権の行使によって、憲法第21条に手をつけることなく、ＮＨＫという巨大な報道機関による政権批判を封じることに成功しつつあります。

この他にも、内閣や総理大臣には広範かつ強力な人事権があります。それには国家公安委員会や公正取引委員会の委員、検事総長など様々な重職が含まれ、それぞれ詳しく今後の人事の行方を見守るべきでしょう。

憲法を弱体化させる立法

安倍政権による濫用が予想されるのは、もちろん人事権だけではありません。

両院をコントロール下におく与党は、数を背景にした強引な国会運営で、憲法を弱体化させるような法案を今後どんどん通してくるでしょう。

その動きを予測する際に参考にすべきは、13年の暮れに問題になった「特定秘密保護法」の制定過程です。

自民党が同年6月に発表した参院選の公約では、国家安全保障会議の設置は掲げていたものの、「特定秘密保護法」については全く触れていませんでした。また、安倍首相は同法が成立した2013年秋の臨時国会の所信表明演説で、同法には全く触れませんでした。

これはどう考えても不自然です。あれだけの反対を押し切り、あれだけの政治的エネルギーを割いて成立させた秘密保護法です。参院選の公約や所信表明演説では、当然、首相は秘密保護法に言及すべきでした。しかし安倍首相はそうはしなかった。

その事実から推測できるのは、首相はやはり麻生氏言うところの「ナチスの手口」を実行しているということです。主権者やマスコミがわーわー騒がぬうちに、あわよくば何の議論もなされないまま、法案を通すことを虎視眈々と狙っていたとしか考えられないのです。

実際、秘密保護法が成立した臨時国会では、もうひとつの重大な法案がほとんど騒がれない中、自民・公明・維新・みんな・生活の賛成で、ひっそりと成立していました。生活保護法の改定法案です。

これによって、生活保護申請時に「申請書」や「添付書類」が求められるだけでなく、扶養調査の権限の拡大による「三親等以内の家族による扶養義務の事実上の要件化」がなされました。三親等といえば、自分や配偶者の甥や姪、伯父や伯母、曾祖父母までが含まれる極めて広範な「親戚」です。「生活保護を受けたいなら、親や子供だけでなく、配偶者の甥や姪などに至るまでまずは援助を求めろ」という政府の方針を法制化したわけです。

そしてこの法律は、自民党改憲草案の第24条に新設された条文とも符合します。

【自民改憲草案】（新設）第二十四条 家族は、社会の自然かつ基礎的な単位として、尊重される。家族は、互いに助け合わなければならない。

まあ、こんな法律を通してしまったら、家族間にはますます亀裂が走って、逆に崩壊していくと僕は思いますが。

いずれにせよ、貧困問題に取り組むNPO法人「もやい」の声明では、この「改正」は、「日本の社会保障の根底（生存権）を揺るがす、戦後最大の制度改悪」だと批判されています。

事実、この法律で生活保護を申請することが非常に難しくなり、逆に役所による「水際作戦」が格段にやりやすくなることは確実です。ただでさえ2割程度と低い補捉率（生活保護の受給要件を満たしている人のうち実際に利用している人の割合）が更に落ち込み、必要な人に生活保護が利用されず、餓死者や孤独死が増加することが懸念されます。

これまでの常識からすれば、これほど重大な法案の審議には、世論を巻き込んだ時間をかけた議論が不可欠なはずですが、そんな形跡は一切見られませんでした。報道によれば、参院での審議時間は約8時間30分、衆院でのそれはわずかに約3時間でした。秘密保護法に気を取られて、生活保護法が改定されたことすら知らない主権者の方も多いのではないでしょうか。

安倍政権は、今後も重要法案をなるべく議論を呼ばないようにコソコソと超特急で、しかしシステマティックに用意周到に成立させていくでしょう。そして残念ながら、安倍政権を批判する側は、彼らのスピードと戦略に全くついていけていないのです。

「共謀罪法案」と「国家安全保障基本法案」

そんな状況の中、近いうちに上程が予想され、警戒しなければならない法案のひとつは、「共謀罪法案」です。

共謀罪とは、犯罪を犯そうと具体的な準備をしたり、未遂したりしなくても、話し合っただけで罪に問えるという処罰規定です。既に成立した秘密保護法等にも含まれていますが、共謀罪法案では600以上もの犯罪について共謀罪の新設をすることが予想されています。

犯罪の成立の範囲が曖昧である上に、捜査のため警察による市民の監視が強化される恐れもあり、共謀罪法案は「平成の治安維持法」と呼ばれてきました。過去3回も国会に上程されましたが、日本弁護士連合会から「我が国の刑事法体系の基本原則に矛盾し、基本的人権の保障と深刻な対立を引き起こすおそれが高い」と猛反対されるなど、法曹界を中心に拒否反応が強く、いずれも廃案になりました。
　ところが安倍政権は、このゾンビのような法案を復活させ、再上程することを密かに目論んでいるのです。

「政府、共謀罪新設方針を伝達　国際機関にテロ対策で」
　政府が、昨年夏に来日した国際機関の関係者に対し、殺人など重大犯罪の謀議に加わっただけで処罰対象となる「共謀罪」新設を含めたテロ対策の法整備を進めると伝えていたことが18日、分かった。（略）日本側は改正組織犯罪処罰法の成立など法整備に前向きな対応を約束したという。
（共同通信、2014年1月19日）

　また、「国家安全保障基本法案」の上程も予想されます。同法案は、集団的自衛権の行使をする際の根拠法となるもので、自民党が野党だった2012年7月に案が示されました。第10条では、集団的自衛権の行使があたかも憲法違反ではないかのような前提で、「国際連合憲章に定められた自衛権の行使」について規定しています。

第10条（国際連合憲章に定められた自衛権の行使）

第2条第2項第4号の基本方針に基づき、我が国が自衛権を行使する場合には、以下の事項を遵守しなければならない。
一　我が国、あるいは我が国と密接な関係にある他国に対する、外部からの武力攻撃が発生した事態であること。
二　自衛権行使に当たって採った措置を、直ちに国際連合安全保障理事会に報告すること。
三　この措置は、国際連合安全保障理事会が国際の平和及び安全の維持に必要な措置が講じられたときに終了すること。
四　一号に定める「我が国と密接な関係にある他国」に対する武力攻撃については、その国に対する攻撃が我が国に対する攻撃とみなしうるに足る関係性があること。
五　一号に定める「我が国と密接な関係にある他国」に対する武力攻撃については、当該被害国から我が国の支援についての要請があること。
六　自衛権行使は、我が国の安全を守るため必要やむを得ない限度とし、かつ当該武力攻撃との均衡を失しないこと。
2　前項の権利の行使は、国会の適切な関与等、厳格な文民統制のもとに行われなければならない。

また、同法案には「教育」や「国民の責務」についても言及した条文も含まれています。

安倍政権が進める「教育委員会制度改革」などとの動きと合わせて考えれば、極めて不気味な条文です。

第3条（国及び地方公共団体の責務）（略）
2 国は、教育、科学技術、建設、運輸、通信その他内政の各分野において、安全保障上必要な配慮を払わなければならない。

第4条（国民の責務）
国民は、国の安全保障施策に協力し、我が国の安全保障の確保に寄与し、もって平和で安定した国際社会の実現に努めるものとする。

ただし、安倍政権は集団的自衛権行使の根拠法として「国家安全保障基本法案」を通すのではなく、自衛隊法等の改定で対応する可能性も考えられます。その方が、より目立たないし、抵抗が少ないとも予想されるからです。

いずれにせよ、これらの法案は日本という国家の進む道を大転換させる重大なものですが、先述した通り、安倍政権はその重大性を可能な限り低く見せつつ、なるべく議論をせずに素早く強硬に国会を通そうとするでしょう。

そして誠に残念ながら、与党に両院をコントロールされている上に、自民党内でも意見の多様性がほぼ失われている今、彼らの行く手を阻むことは、極めて難しいと言わざるをえません。それでも私たちはデモや集会や署名などを通じて強い反対の声を挙げ、世論を喚起する努力をすべきですが、安倍政権には民主的価値やプロセスを尊重するつもりなどないわけですから、相当の苦戦を覚悟すべきだと思います。

日本という国は、すでにファシズムを志向する勢力に支配されているのです。

安倍政権が目指すもの

では、改憲もしくは事実上の改憲を成し遂げることで、安倍自民党は最終的にはいったい何を得ようとしているのでしょうか。

安倍政権の動きの背景にある思想傾向は、安倍氏による靖国神社参拝や歴史修正主義的発言などを普通に考え合わせれば、「国粋主義」とか「軍国的国家主義」などと形容できるものでしょう。安倍首相の打ち出す政策は、いずれも国家の権力を強め、個人の人権を抑圧するものだからです。実際、僕も2013年の春までは、安倍政権の性格をそのように理解していました。

しかし、安倍首相が13年3月、突然TPP交渉への参加表明をしたとき、僕は非常に困惑させられました。なぜなら、TPPとは経済的・法的な国境を無くすための国際協定であり、ナショナリストなら真っ先に拒絶すべきものだからです。特にTPPによって日本国内の農林水産業の約4割が壊滅するという政府試算が出ていて、想像を絶する打撃を受けることが分かっているなら、なおさらです。したがって僕は、右翼と称される安倍氏はTPPには消極的であろうと予測していたのです。

ところが現実には、首相は公約違反を犯し、自民党内の反対を押し切ってまで、強引にTPP交渉への参加表明をした。

この奇妙な事実をどう解釈すればよいのでしょうか。安倍首相は互いに矛盾する政策を打ち出した、支離滅裂な愚か者なのでしょうか。あるいは、異なる利益集団によって、不本意ながら180度違う方向に引き裂かれた結果なのでしょうか。

もちろんそうした可能性は否定できませんが、そうではない可能性の方が高いように感じています。つまり、安倍氏はナショナリズムを政治的に利用してはいるけれども、実はナショナリズムなど彼にとってはどうでもよい。

なぜなら、ある視点からとらえると、互いに矛盾するようにみえる政策が、実は全く矛盾せず、一つの流れに属するようにもみえるからです。

つまり、「国民主権から企業主権へ」という視点です。

資本主義（企業や資本家）にとって、国民の生命や健康や利益を守ろうとする民主主義は、しばしば経済活動の「障壁」となります。

例えば、公的健康保険。行政が主体となって健康保険制度を作り、すべての人に健康保険を享受できる権利を提供しようというのは、個人の生存権を重んじる民主主義の発想です。しかし、健康保険業で儲けたい保険業界にとって、公的健康保険は「民業圧迫」であり、邪魔でしかありません。

あるいは、環境。企業や資本の論理では、利潤を追求するために環境なんておかまい無しに森を切り開き海を埋め、工場を安く作って汚染水も垂れ流しでどんどん生産したいわけですが、民主主義では住民の生存権や生業をも重視するので、環境基準や規制を設けて企業の活動に一定の制限を課して縛ります。

あるいは、労働基準。資本勢力にとっては、労働力は安ければ安いほどよいし、いつでも好きなときに解雇できる方が都合がよいでしょう。しかし、例えば時給50円では労働者の人権や生存権などは守れません。したがって民主主義では労働基準法を作り、企業の活動を制限し、個人の人権を守ろうとします。これも資本主義にとっては、「障壁」なのです。

TPPは、これら民主主義的価値観に基づいて作られた障壁を可能な限り撤廃ないし緩和し、グローバル企業が国境を超えて自由自在に経済活動を行えるようにすることを目指したものです。

つまり安倍氏は、TPPによって日本国民が受ける損害よりも、グローバル企業と巨大資本が受ける経済的恩恵の方を重視したのではないか。そして、安倍自民党が憲法とそれが保障する民主主義という政治体制の破壊を目指し、ファシズム体制を志向しているのは、戦前回帰を目指す反動主義者だからでも、国威発揚を望むナショナリストだからでもなく、資本家勢力が今まで以上に自由に利潤を追求できる国を目指しているからではないか。

そう考えると、いろいろと辻褄があってきます。

例えば、安倍政権が自衛隊に米国の戦争の下請けをさせようとしたり、武器輸出三原則の緩和に熱心なのは、必ずしも好戦的だというわけではなく、「日本の軍需産業が世界を市場に自由に商売をできること」を狙っているととらえられます。戦争経済にフルに参加するには、たしかに憲法第9条は邪魔だからです。

また、福島第一原発事故が起きたにもかかわらず、安倍政権が原発をやめようとせず、海外にも「トップセールス」をかけていることの不可解さも、この文脈でとらえればすんなり理解できます。国民の生命や財産を守る国民主権的発想ではなく、原子力産業を守る企業主権的な発想からすれば、原発は断固継続すべきだという結論になるからです。

「世界で一番ビジネスがしやすい環境」を目指して、様々な規制の撤廃を行う「国家戦略特区」もそうです。国家戦略特区は、中国を皮切りにインドやイランなど発展途上国に広がった「経済特区」をモデルにしていると考えられますが、住民の強制退去などを通じて共同体や暮らしや環境が根こそぎ破壊されてしまったケースが多数報告されています。特区は資本の側にとっては「天国」かもしれませんが、それまで規制によって守られていた労働者や国民にとっては「地獄」かもしれないのです。

思えば、民主主義が健全に機能している国では、例えば原発を建てるのにも、複雑に絡み合う多様な住民の利害を調整しなければなりません。また、マスコミや議会や専門家の批判に丁寧に答えるなど、気の遠くなるような時間と手間をかける必要があります。

しかし、自民党改憲草案のように「公益及び公の秩序」が個人の人権よりも優先される非民主的な社会では、そんな調整を行う必要は一切なくなります。「公益及び公の秩序」を盾に政府が一方的に原発建設を決め、必要に応じて住民の土地を徴集し強制的に立ち退かせたりもできますし、それに反対する住民運動やマスコミは「公益及び公の秩序を害することを目的とした活動」として簡単に取り締まることができます。

つまり民主主義が後退すればするほど、そして国家の権力が強まれば強まるほど、権力と結びついた大企業や資本家は有利になります。個人の人権が尊重されず、言論の自由もない全体主義社会は、国家権力と結びついた巨大資本が利潤を追求するには最適の環境といえるのです。

ここまで書き進めてきて、それに似たような政治体制が実はこれまでにも数多く存在してきたことに気づかされます。フィリピンのマルコス政権や、インドネシアのスハルト政権など、いわゆる「開発独裁」と呼ばれるような政権です。あるいは、共産党による一党独裁の下で急激な経済成長を遂げつつある昨今の中国なども、その好例と言えるでしょう。独裁ほど経済効率のよいものはないのです。

安倍自民党の究極の目標は、「ネオ・開発独裁」とでも呼ぶべき、企業主権のための独裁政治体制を築くことにあるのではないか。

僕の中では、そんな疑念が膨らみつつあります。

共産主義という強大な敵がいた時代には、資本主義は民主主義を味方にして手を組みました。しかし共産主義が弱体化し敵でなくなったいま、資本主義にとって、今度は民主主義が邪魔になりつつあります。

そして安倍政権は、「資本主義への対立軸としての民主主義」を破壊しようとしているのかもしれない。

そんな風に思えるのです。

安倍さん（とお友だち）のことば

高橋源一郎

高橋源一郎（たかはし・げんいちろう）
1951年広島県生まれ。作家、文芸評論家。明治学院大学教授。81年『さようなら、ギャングたち』でデビュー。著書に『日本文学盛衰史』（講談社文庫）、『一億三千万人のための小説教室』（岩波新書）、『「悪」と戦う』（河出文庫）『恋する原発』（講談社）、『非常時のことば』（朝日新聞出版）、『国民のコトバ』（毎日新聞社）、『銀河鉄道の彼方に』（集英社）、『101年の孤独』（岩波書店）など多数。88年『優雅で感傷的な日本野球』（河出書房新社）で第1回三島由紀夫賞、2012年『さようなら、クリストファー・ロビン』（新潮社）で第48回谷崎潤一郎賞受賞。

はじめに

こんにちは。

今回、他のみなさんの原稿はどのようなものになっているのか、わたしは読んでいないので、想像するしかないのである。けれども、首相である安倍さん、もしくはその周辺の人たちが押し進めている政策や考え方への批判が書かれているようである（たぶん）。また、そのようなものが書かれている本を読もうと思って、頁を開かれている読者の多くも、それに近い考え方をする人が多いのではあるまいか。もちろん、最近では、「相手をやっつける」ために、その相手となる対象の本を購入しようとする人がいて、それで本が売れるなら、わたしは一向にかまわないのだが、とにかくそういう人（安倍さんと、そのお友だちのファンですね）にとっても、期待通りむかつくようなことが書かれている可能性は高いであろう。

しかし、いずれにせよ、これからわたしの書こうとしていることは、どちらの読者にとっても、あまり面白くないのではないかと思うのである。

なぜであろうか。

まず、わたしは、安倍さん（とお友だち）について批判するつもりがほとんどないからである。というか、たぶん、誉めているはずである（まだ書いてないので、わからないけど）。困ったことだ。そういう文章を書いているからといって、怒らないでくださいね。

では、なぜ、そのように、安倍さん（とお友だち）を誉めるような文章になりそうなのか。いままでもそうだったからである。

かつて、わたしは、小沢一郎さんを批判しようと思い（なんとなく嫌いだったのだ。まあ「なんとなく」ってこと自体、問題アリですが）、小沢さんの本を、すなわち小沢さんが書いたか、もしくは、小沢さん自身が書くことに関与した本をまとめて読んだ。そして、小沢さんと恋に落ちた……のは嘘だけど、気がつくと、小沢さんのことを好きになっていた。なんて健気な人なんだ、と思い、応援したいとさえ思うようになった。

それから、橋下徹現大阪市長を批判しようと思い（この人のこともなんとなく嫌いだったのだ。困ったやつだな、わたしって）、やはり彼の本をまとめて読んだ。で、小沢さんの時と同じようなことが起こった。もう、彼が気の毒で気の毒で、抱きしめたくなった。というか、彼の孤独で頑な心情を思いやると、涙がこぼれそうになったのである。いまでは、橋下さんがテレビの画面に映ると、なんとなく「フランダースの犬」のことが思い浮かんでしまうし、「虚勢をはらなくてもいいんだよ、徹。素直になりなよ、徹。きみが無理してるのは、わかってるんだから、徹」といつも呼びかけたくなるほどなのだ。

この両者については、別の箇所で書いているので、お暇の際には目を通していただけると幸いである。

では、いったい、どうして、そのような、わたし自身でも驚くような結果になったのであろうか。

それは、わたしが、作家という職業についているからである。もしくは、「文学」という、厄介な存在に関わっているからである。

説明しますね。

「文学」というものは、何だろうか。といっても、別に難しいことはないんです。それは、「複雑なものを複雑なままで理解しようとする試み」である。

それから、もう一つ、

「最初から最後まで、その対象と共感しようとする試み」である、ということなんです。

たとえば、その本の中に、「悪人っぽい」人が出てくるでしょ。現実の世界で、なんか「悪人っぽい」人が出てくると、ちょっと遠巻きにして、「なにか、こいつ悪いことやってんじゃないの？」と考えるわけです。でも、「文学」の場合は違うのである。

「この人、悪そうだけど、なんか理由があるんだろうなあ」と考えるのである。


わたしは、今回の原稿を書くにあたり、以下の本を読んだ。

『日本よ、世界の真ん中で咲き誇れ』（安倍晋三＋百田尚樹）、『新しい国へ（美しい国へ 完全版）』（安倍晋三）、『軌跡　安倍晋三語録』、『神やぶれたまはず』（長谷川三千子）、『民主主義とは何なのか』（長谷川三千子）、『永遠の0』（百田尚樹）、『ゼロ戦と日本刀』（百田尚樹＋

渡部昇一）等々である。ほんとうにこのような機会がなければ、永遠に読むことがなかったかもしれない。彼らには、感謝しなければならない。

しかも、これらの本を、わたしは旅行に携帯しなければならなかった。

水上勉さんの故郷、若狭を訪ねる旅、井上ひさしさんの故郷（の一つ）仙台を訪ねる旅、そして、ヴェトナムの作家たちを訪ねる旅に際し、わたしは、これらの本をキャリーバッグに詰めて、同道したのである。

そして、時には、愛国の気持ちを高らかに歌った『永遠の0』と、日本なんてどうしようもないから自分で国を作っちゃおうぜという、井上ひさしさんの『吉里吉里人』を同じホテルで読んだし、社会主義の厳しい規制の下、二十五年間発表できないんですとか、いやそれどころかもう半世紀以上、作品の発表が許されていないんですよ、というヴェトナムの作家の声を聞いてホテルに戻り、頁を開いたら、長谷川さんの「人権はインチキとごまかしの産物」ということばが目に入って、切ない気持ちになったりしたのである。どれも、いい思い出だ。

そして、予想したように、わたしは、安倍さん（とお友だち）のことばにむかついたりはしなかった。「いい人」たちだと思った。責めてはいけないと思った。強いていうなら、あまりにも単純すぎるんじゃないかと思ったけれど、それは悪いことじゃない。わたしだって、時々、複雑なものに疲れる。

誰だって、なにも考えたくない時もある。一杯飲んで、エッチなヴィデオでも見て、そのまま、寝てしまいたい時もある。そういう時、安倍さん（とお友だち）のことばを見ると、ホッとするのだ。癒しの効果、抜群なのである。みんなに受けるわけだ、とわたしは思わずにいられなかったのである。

『カラマーゾフの兄弟』と「ねじれ」の解消

いきなりこんな見出しが出て来て驚かれただろうか。書いている本人も驚いているので、お許し願いたい。

『日本よ、世界の真ん中で咲き誇れ』の中に、こんな一節がある。

百田　そうなんです。番組開始早々、腹立つなーと思いました（笑）。番組で自民党の圧勝が報じられたあとに再びコメントを求められたので、今度はこう言ったんです。「日本人の性格として判官贔屓ということもありますし、一方が大勝すると次の選挙では、『ちょっと勝たせすぎたから、今度はもう片方に投票しよう』と、民意は右に左にふらふらなりがちです。このような日本人ならではの性格が、〝ねじれ〟を作ってきた一つの大きな原因でした。

ところが、三年前の二〇一〇年七月に行われた参院選、二〇一二年十二月の衆院選、そして今回の参院選と、日本国民が同じ選択を三度した。これはふらついた民意ではなく、確固とした民意です」と。

安倍　キャスターの方の反応はどうだったんですか。

百田　それが、その時も村尾キャスターは知らん顔。おいおい同意しろよと思いましたね（笑）。しかし、今回の参院選の結果を見れば、安倍政権が国民から信任されたことは間違いありません。これは確固とした民意です。

安倍　私も今回の参議院選挙の結果を受けて、新しい自民党の姿勢、私たちの進めている政策に対して、国民の皆様から信任が得られたと思っています。と同時に、長く迷走した〝ねじれ〟に終止符を打つことができた議席の重みを受けとめなければなりません。改革から逃げる古い自民党に逆戻りすれば、国民からの信頼はすぐに失われてしまいます。

もはや、ねじれを言い訳にしたり野党のせいにすることはできません。まさに問われているのは我々自民党自身であるという自覚を持って、事にあたっていかなければならないと思っています。

ふたり共、たいへん自信に満ちた発言である。こういうことばを読んでいると、優柔不断な自分が恥ずかしくなってくる。わたしの書く文章は「ではないだろうか」とか「そうも考えられる」とか「その可能性もある」とか「そうなのだろう（たぶん）」といったものばかりだ。百田さんのように、「確固とした」ということばを、三行ほど挟んで二回も続けて使うような度胸は、わたしにはない。

たとえば、「日本人の性格として判官贔屓」というようなことはわたしにはいえそうにない。ほんとうに、日本人の性格は判官贔屓なんだろうか、と思っちゃうからである。それから、「参院選の結果」「国民から信任されたことは間違いない」という記述を見ても、ビミョーな気持ちに陥る。

実は、その点に関して、わたしは、知人で、選挙問題の専門家である菅原琢さんから怒られたことがある。参院選で自民党が大勝したのを見て、「自民党、復調しましたね」といったら、菅原さんは「データをきちんと解析すると、自民党の絶対得票率は回復していません。棄権票の増加と公明党の下支えによって、議席が増えただけで、復調したように『見える』だけです」といわれたのである。ほんとうに専門家はすごいと感心した。でも、菅原さんもそんなことといっていると、「現実を何も知らない専門家」と罵倒されるかもしれないので、気をつけた方がいいと思います。

さて、重要なのは、そこではなく、この短い会話の中で三度、否定的な意味で使用されている「ねじれ」ということばである。

百田さんも安倍さんも「ねじれ」ということばを嫌っているようである。その「ねじれ」のせいで、「民意」が判然としなくなり、その結果、政治が停滞し、さらにその当然の結果として、社会に混乱が起こった……と考えられているようである。そして、選挙の結果、「ねじれ」が消滅し、良かった良かった、というのが、お二人の結論ではないだろうか。

でも、とわたしは思うのである。「ねじれ」は、そんなに唾棄すべきものなのであろうか（また、こういう自信のない言い方で申し訳ない）。

わたしが、そのように考えるのは、わたしが従事している「文学」においては「ねじれ」こそが、基準となるシステムだからである。

例をあげよう。ここで、『カラマーゾフの兄弟』、通称『カラ兄《きょう》』に登場してもらうことにする。

作者は、ドストエフスキーという人で、この作品は、「世界文学史上の最高傑作」ともいわれている。読んだ人も多いのではなかろうか。もちろん、ここでは作品論をする余裕はないので、かいつまんで説明しよう。この『カラ兄』は、人間という存在について、あらゆる角度から検討しようという壮大な試みであった。中でも、眼目は、「神の存在」ということになる。

最初にいっておくと、作者本人は、「神は存在している」と断言している。「確固とした存在である」という意味のことも書いている。その点においては、安倍さんや百田さんと同じ立場にあるといっても過言ではない。

さて、小説の中で、「神は存在している」と主張しているのが、アリョーシャさんという(カラマーゾフの兄弟の)末弟だ。それに対して、「神なんか存在しない」と主張しているのが次男のイヴァンさんだ。作者としては、「神は存在している」ということを主張したい。だとするなら、アリョーシャさんに肩入れしたい。それによって、「神は存在している」という「確固とした民意」を主張したいはずである。

ところが、『カラ兄』を読んでみると、そうなってはいないのである。「神なんか存在していない」というイヴァンさんを衆議院、「神は存在している」というアリョーシャさんを参議院に例えるとするでしょう。すると、衆議院と参議院で別な議決が出ている状態なのだ。まさしく「ねじれ」現象である。

いや、これは諸説あるので、断定できないのだが、いま、わたしが、イヴァンさんを衆議院に例えたのは、「二院で議決が別れた時には、衆議院の先議」となっているように、どちらかというと、イヴァンさんの方が魅力的に書かれていると評する人が多い。アリョーシャさんの方が、なんか「ふつうにいい人」で、イヴァンさんの方が「知的で複雑でクール」な感じがするのである。だから、ドストエフスキーさんがいくら「神は存在している」と主張しても、その人の書いた小説を読んだ人は、逆に、「そうだ、神様なんかいなくても、わたしたちは生きていかなきゃなんないよね」と思ったりするようになったのである。

これは、いったいどういうことなのか。ドストエフスキーさんは、選挙戦のテーマを「神は存在する」にしたのではなかったのか。なのに、どうして、敵対する側であるイヴァンさんを、より魅力的に描くようなヘマをしてしまったのだろうか。

それは、一つ一つの作品のテーマが何であろうと（つまり、選挙戦において、何を争点にしようと）、それより「上位」のものが存在していることを、ドストエフスキーさんはよく知っていたからだ。

小説を書くということが、ひとつの選挙に打って出るということなら、その選挙の場こそが「文学」である。そして、その「文学」という「民主主義」システムの中では、一つ一つの法案や選挙戦のテーマより「上位」に置いているものがある。

それが、「複雑なものを複雑なままで理解しようとする試み」であることは既に書いた通りである。

なぜ、そのようなことになっているのか。それは、「文学」が対象にしているのが、「人間」であり、そして「人間」とは、きわめて「複雑」な存在であるからだ。

アリョーシャさんは「神は存在している」と信じている。信じているけれど……でも、ちょっとは疑う。一方、アリョーシャさんの宿命のライヴァルであるイヴァンさんは、どうか。イヴァンさんは「神は存在しない」と激しく主張している。でも、その主張を聞いていると「神様は最高の存在でなきゃいけないのに、現実に存在しているらしい神様は最高じゃないっぽいのでイヤだ」というような感じなのだ。つまり、イヴァンさんは神様のファン過ぎて、「神は存在しない」というようになったらしいのである。

困ったものだ。アリョーシャさんもイヴァンさんも、わたしのように「神はいてもいなくても関係ない」みたいな、ぬるい感じの人ではなく、「神様」ということばが出て来ると、熱くなる人たちである。となると、ですよ、「いない」と熱く主張する人の方が、「どっちでもいいよ」という人より、ずっと「神様」に近いんじゃないだろうか、という気になってくるのだ。

それもこれも、この小説の中に「ねじれ」が存在しているからである。一つ一つの選挙戦のテーマより大事なもの、それは「人間」である、あるいは、「人間というものは複雑である」という考え方である、というのが、この「文学」という「民主主義」に似たシステムに置いて、もっとも重要なことではないか、とわたしは考えているのである。

このように書くと、

「お前は、政治と文学を一緒にしている」と批判する人もいるだろう。もちろん、わたしも、政治が文学と同じことをやれ、と主張しているのではない。というか、わたしは、だいたい、なにも主張するつもりはないのである。

「政治」というものは、「人間」を幸福にするために存在しているのではないだろうか。違う？

じゃあ、ざっくりいって、「幸福」って何でしょうか。

うまいものを食べて、雨露を凌げて……だったら、動物園で飼われているライオンさんや象さんでも「幸福」であろう。

だとするなら、それぞれに異なった、「複雑な」存在である人びとが、それぞれの異なった生活をおくることができるように、即ち、それぞれの異なった形の「幸福」を追い求めることができるように、後ろからそっとサポートすることが、政治のやるべきことなのではあるまいか。

「民主主義」の根本理念を追い求めたジャン・ジャック・ルソーは、『社会契約論』で、その「民主主義」に参加する人たちの考え方が、全員異なっていることを、もっとも重要なことであると考えた（これは、東浩紀さんの読解をもとに、わたしが読んで得た個人的な感想である。なので、みなさんが、直接、原典にあたられることをお勧めする）。

「民主主義」が、なにかを決定する「政治」システムであると考えるなら、参加者の意見が異なれば異なるほど、言い換えるなら、意見が「ねじれ」るほど、決定は困難になる。けれども、「ねじれ」がなければ意味がない、「民主主義」においては「決定の速さ」よりも遥かに大切なものが存在している、とルソーは考えたのである。

わたしは、そのルソーの思想の淵源《えんげん》が、「文学」にあると考えている。ルソーは、「文学」

者として、「人間」の「複雑さ」を知っていた。あるいは、その「複雑さ」にこそ信を置こうとした。「複雑」である「人間」が、その「複雑さ」を失わずにいられる社会システムを構築するために、彼は、その力のすべてを尽くしたのである。

もっとも「速く」決められるシステムは、独裁制だ。その意味では、世界でいちばん効率的な「政治システム」を持っているのは、北朝鮮ということになるだろう。あれ、羨ましい？　わたしは、ちょっと御免被りたいです。

「曾野綾子」を抱きしめる

民主党の主だった政治家は政治のド素人で、しかも精神は売国奴で、そのうえ、金に汚かった！　もう、カスとしか言いようがない。なぜ、こんな酷い政治家が多くなってしまったのか。（……中略……）

一方で、そのような議員を選挙で選んだのは、我々国民であることも忘れてはならない。もちろん、私もその一人である。選挙前から民主党がクズみたいな政党とわかっていたが、それを止められなかった！　自らの非力とバカさが情けない。（前掲書）

これは、百田さんのおことばである。こういう発言を見ると、わたしは、亡くなった祖母がいっていたことを思い出す。

幼いわたしが、怒りにまかせて「バアちゃんのアホ！」というと、祖母は、わたしに、**「他人のことアホっていうやつがアホや！ 鏡の前で、アホって、いってみい！ アホな顔をしとるのは、おまえや！」**といったのである。さすが、バアちゃん。

祖母がいいたかったのは、他人様をアホと罵るほど立派な人間はおらん、という生活者らしい思想のせいである。そのことばにわたしは深く打たれた。わたしが、いまでも、他人を罵倒できないのは、そのせいである。

それはともかく、政治に関する発言で、「売国奴」とか「カス」とか「クズ」ということばが出てくるのは、かなり、マズいのではあるまいか。

この百田さんは、他の場所でも「クズ」ということばをお使いになっているので、癖になっているのかもしれない。あるいは、こういうことばを使うと昂揚してくるのだろうか。もちろん、それは、それを使う方の趣味であると思うので、ご自由にというしかない。

けれど、ここで、一つ、大きな問題が出てくるのである。それは、通称（といっても、わたしが勝手に命名したものなのだが）、

「売国奴と他人に向かっていうやつの方が結果として売国奴になる」問題である。

安倍さんが、きわめて大きな愛国心の持ち主であることは疑い得ない。そして、「強い日本」を実現したいと日々専心されていることもまた、わたしは疑ってはいないのである。だ

とするなら、安倍さんは、こういうお友だちの発言を厳しくチェックし、友情をもって、「止めておいた方がいいんじゃない」と説得するべきではないだろうか。

それには、深い理由が存在するのである。

たとえば、わたしも安倍さんも百田さんも日本国民である。この本の著者の方たちも同様である。安倍さんを支持しながら、同時に、「在日は日本から出てゆけ！」と叫ぶ、ヘイトスピーチな人たちも日本国民である。この中の一部の人たちが、別の一部の人たちのことが気に食わず、「売国奴！」や「カス！」や「クズ！」と呼んだら、どうなるだろう。呼ばれた方は、ムカつく。イヤな感じがするであろう。

「日本がもし百人の村だったら」としますね。そのうちの、「二十人」ほどを、「売国奴！」と呼びつづける。呼んだ方はスッキリするかもしれないけれど、呼ばれた方は、自分のことを「売国奴！」と呼ぶようなやつとは席を同じくしたくないであろう。さて、「二十人」が離脱したとして（しないだろうけど）、残りの「八十人」で仲良くできるかというと、これが違うのである。その中に、また、絶対気に食わない連中が出てくる。なので、最初に「売国奴！」と叫んだ人は、次の「二十人」に向かってまた「売国奴！」と叫ぶようになるのである。そして、その情動は、終わることがないはずだ。

以上は、政治の歴史が教える通りである。最後に「二人」しか残らなくても、その最後の「二人」もまた、お互いに「売国奴！」もしくは「クズ！」あるいは「カス！」と罵り合うことになるのである。

国家は、あるいは、わたしたちが所属している「国民国家」はこれでは成立し得ない。同じ国民を「売国奴！」と罵る人は、この脆い「国民国家」という、人工のシステムを壊そうと企んでいるのである。

わたしは、この「国民国家」を、なんとかみんなが使えるようなものにしたいと心の底から願っている。なにしろ、現在のところ、代替品がないのだ。これを使うしか、わたしたちには、手段がないのである。

だとするなら、同じ国民を「売国奴！」と罵ることによって、「国民国家」を分裂させようとするあらゆる試みに、反対せざるを得ない。

わたしは、わたしと意見が異なる人と同じ世界に住むことに異論を唱えるつもりは毛頭ない。比喩的にいうなら、抱きしめることだってやぶさかではない。仮に、それが、わたしとはことごとく意見が違う曾野綾子だとしても、である（向こうはイヤがるだろうけれど）。それこそが、「国民国家」を永続させる唯一の道なのではあるまいか。

そういうわけで、わたしの方が、百田さんより、ずっと「愛国的」だと思うのだけど、どうだろう。

どんな教育を受けたか、トム・ソーヤー（ハックルベリー・フィンでも可）に聞いてみるならば

ところで、なぜ「愛国心」を謳うと、日教組や朝日新聞から凄まじい攻撃を浴びるのだろうか。それは戦後ずっと日本の義務教育では、子供たちに「愛国心」とは反対の「日本を愛さない」教育が行われてきたからだ。もっと露骨に言えば、子供たちに「日本を嫌いにさせる」教育が行われきた。それが「自虐思想による教育」である。

私は、これこそが現在の義務教育で最大のガンだと思っている。いや教育だけに留まらず、現在の日本が抱えている一番の問題なのである。社会や歴史の教科書を見ると、そこに描かれている「自虐的な記述」に怖じ気を覚える。中国や韓国が主張する捏造歴史をそのまま書いた「南京大虐殺三十万人」や「強制連行による従軍慰安婦」を堂々と教科書に載せ、かつて日本人が近隣諸国に言葉を失うほど残虐なことをしてきたと記述している。

こういうことを純粋無垢な子供たちに教える意味が、どこにあるというのだろうか。

（……中略……）

こんな教育を受けた子供たちが、自国に誇りを持てるだろうか。日本という国を愛せるだろうか。そんなことは絶対に不可能だ。つまりその指導要領は（筆者註。日教組が

強いある県では、小学生に「自虐の歴史」を教えるという指導要領があったと百田さんは指摘しているのである）、子供たちに「日本という国に失望させ、祖先を憎み、彼らの悪行を恥じる」ということを教え込んでいるのだ。

（……中略……）

そして問題はそれに留まらない。実はもっと恐ろしいことがある。それは、子供たちから「立派に生きよう」という誇りまで奪ってしまうことだ。「自分は汚れた人間の子孫だ」「自分には醜い民族の遺伝子が入っている」「日本人は人間として劣る民族だ」――こんな意識を植えつけられた子供が、立派で素直な子供に育つだろうか。むしろ自己を卑下し、日本人であることを恥じ、堂々と胸を張って生きることができない大人になるのではないか。

これは極論かもしれないが、いま、全国の学校で起こっている卑劣な「いじめ」も、その影響によるものがあるのではないかと思っている。

子供に与えなければならないのは、「誇り」と「自信」である。「日本は素晴らしい国である」「自分にはそのDNAが受け継がれている」「日本人として生まれてよかった」――そういう気持を持った子供は、それに恥じない行動を取ろうとするものではないだろうか。

（前掲書）

これもまた、『世界の真ん中』における百田さんの発言である。「誇り」と「自信」を持つ人が往々にして「売国奴！」とか「クズ！」と叫ぶことがあるのは遺憾であるが、そんな細かいことは、この際、無視するとして、このことばを読みながら、わたしは、深い戸惑いを感じたのである。

こういう発言は、この国で「教育」を論じる時、もっとも良く見かけるものであろう。百田さんではなく、安倍さんもまた、彼の本を子細に眺めてみると、同じような表現を用いられている。

戦後日本は、六十年前の戦争の原因と敗戦の理由をひたすら国家主義に求めた。その結果、戦後の日本人の心性のどこかに、国家＝悪という方程式がビルトインされてしまった。だから、国家的見地からの発想がなかなかできない。いやむしろ忌避するような傾向が強い。戦後教育の蹉跌のひとつである。

（…中略…）

サッチャーは、全二百三十八条におよぶ「一九八八年教育改革法」で、二つのことを断行した。一つは自虐的な偏向教育の是正、もう一つは教育水準の向上である。お気づきの方もいると思うが、どちらも、日本の教育が抱えているといわれる課題と重なっている。

（『新しい国へ』）

要するに、日教組を中心とする「自虐史観」の持ち主たちが、子どもたちを洗脳してきた結果が、現在の日本なのだ、というのである。安倍さんは、「教育問題」を重視している。その際、拠り所になるのが、このような考え方であると思って、間違いない（では、断定になるので、「間違いない」の前に「おおむね」を入れてください）。

ほんとうに、そうだと思いますか？

わたしは、この問題について、長い間ずっと考えつづけてきた。考えつづけてきただけではない、わたし自身の子ども時代を振り返った。わたしの友人たちにも尋ねてみた。そればかりではない、実に多くの人たちに、小学校時代を、中学校時代を思い出してもらった。もちろん、わたしの子どもたちにも訊き、学校で授業の観覧させていただいた。

また、ひとりの大学教員として、学生諸君と話をした。いや、なにより、わたし自身が実験台となって、「教育」に参加してみた。その結果、わたしは、驚くべき結論に達したのである。

正直いって、こんなことを書いて、みなさんにバカにされたらどうしよう、と思わないでもない。たぶん、わたしがこれから書くことは、みなさんの予想を裏切るだろうからである。だが、わたしは、ひとりの作家として、「真実」に忠実でありたいと考えている。

それが、どれほど意外なものであるとしても、だ。

わたしを嫌いになっても、わたしの結論を嫌いにならないでほしい、と思う。
わたしは、「自虐教育」が子どもたちの心を蝕んだというのは、明らかに事実誤認だと考えている。なぜなら、

「子どもたちは教師の話なんか聞いていないから」である。

もう一回、確認のために(なんか、暗証番号を入れるみたい)、書く。

「子どもたちは教師の話なんか聞いていないから」である。

それが「自虐史観」だろうと「愛国教育」だろうと、子どもというものは、先生の話をマジメに聞いたりはしない。そういう話を先生がしていると、「ああ早く、退屈な授業が終わらないかなあ」と考えるものなのだ。なぜ、そのようにいえるのか?

そりゃ、わたしが、そうだったからですよ。みなさんにも、胸に手を当てて考えてもらいたい。小学校時代に授業で習ったことをなにか覚えているだろうか。あるいは、中学校時代に習ったことを。これだけは自信を持っていうけれど、わたしはなにも覚えていません!! だって、ほとんど聞いていなかったんだもん。

この前、あるアンケートを読んだ。それは、小学校時代の授業時に関する調査で、何を覚えているかについて訊ねたのである。授業について覚えていると答えた生徒は約5%、他の95%は、隣の子とおしゃべりしたこととか、居眠りしたこととか、ノートに落書きしたとか、

というように、授業とは関係のないことばかりだった。

それでいいのだ、と思う。

大人たちがやっきになって、なにかを教え込もうとしても、子どもたちは聞く耳を持たない。なぜなら、この世の中には、もっと楽しいことがあって、それは「授業が終わった後」、「学校の外」に存在していることを、彼らはよく知っているからである。

この、大人によって教えることのできない、子どもたちの性質を、鶴見俊輔さんは「教育をはじきかえす野生の力」と呼んだのである。

百田さんは、「こんな教育を受けた子供たち」は、『立派に生きよう』という誇り」を奪い取られる、と憤激している。

逆に、わたしには、なぜ、百田さんが、子どもたちを信頼できないのかがわからないのである。百田さんにとって、子どもとは、外から教育されると、すぐそれを信じてしまう、「おバカちゃん」であるようだ。それは、子どもたちにとって失礼なことだ、とわたしは思う。だいたい、百田さん自身もまた、なにか教育を受け、その結果、「洗脳」されてしまったという経験がおありになるのだろうか。

明日、教育システムテが変わり、百田さんの小説を、学校で教えるようになっても、大丈夫。子どもたちは、やはり、まともには聞かず、「早く、授業が終わらないかなあ」と呟くはずである。「立派な国だなあ」と感心するより、「早く、家に戻ってゲームをしたいなあ」とか

『結界師』の再放送を見たいなあ」と思うのである。

安倍さんや百田さんやわたしが束になって、立派なことを教えようとしても、子どもたちは、やはりつまらないと感じるだろう。わたしにとって、希望とはそのことである。

わたしは、百田さんや安倍さんは、ありもしない「自虐教育」を作り出して（というよりも、そもそも、子どもという存在の中に、教育することが不可能なものがあるということなのだが）、それと戦う素振りをしているように見える。なぜ、ありもしないものをあるといい張っているのか。それがないと、彼らにとって不都合だからであろう。

「自虐教育」の犠牲者としての「子ども」は、彼らにとって、どうしても必要な存在なのである。

トム・ソーヤーは（ハックルベリー・フィンでも可）優等生ではない。また、「自虐史観」の持ち主でも、「愛国心」の持ち主でもない。考えていることといえば、教室から脱走することと、イタズラをすることである。どうしようもない、バカ者だ。だが、トム・ソーヤー（ハックルベリー・フィンでも可）の物語は、アメリカ文学にとって永遠の名作、アメリカ人たちが、必ず戻る故郷となった。それは、彼らが、「教育によっては変えることのできない魂」の象徴だったからである。

日本では（日本だけではなく、近代国家の多くは）、義務教育（小学校）は、近代的軍隊のそれを真似て創設された、と精神分析学者、岸田秀は書いている。小学校でもっとも重要とされたのは、読み書きではなく、一定の時間、たとえば、五十分間、着席していることだった。それは、農業国であったこの国を工業国とするため、そのために働く人間を作り出すため、農民を工員のマインドに変えるためであったのだ。目の前で進行している「授業」がさっぱりわからなくても、生徒たちは、着席している必要があった。つまり、工場で工員が、そうであるように。小学校が作られた時、農民の親たちが暴動を起こしたのも無理はない。兵士、工員、小学生、彼らは、近代国家が切望した、必要欠くべからざる「奴隷」だったのである。

岸田秀の、その考えを、わたしは否定することができない。トム・ソーヤー（ハックルベリー・フィンでも可）が、教室を脱走しようとしたのには、深い理由があったのだ。

ハックルベリー・フィンは、「奴隷」のジムを解放する。けれども、そのことを通じて、実は自分自身が「奴隷」であったことをも発見するのである。

贈ることば

ここまで、安倍さん（とお友だち）のことば、について、いくつかのことを書いてきた。書きたいことは、まだたくさんあるが、なにしろ、最近肩が痛くて、パソコンに向かうのがかなり辛いのである。このへんまでとさせていただきたい。

最後に、ある方の文章を引用し、安倍さん（とお友だち）へのエールとしたい。この国を良くしたいと願うことは、たいへん立派だ。そのやり方に、いささか難があるとわたしは考えているが、その瑕疵《かし》を補うために、ぜひ贈りたいことばなのである。

「彼らは他者の智恵にまったく敬意を払いません。他方、自分自身のそれには、満腔の自信を以て（敬意を）捧げます」

このような態度は、明らかに「理性的態度」とは正反対のものである。実は、理性とは大声で語ることの内にあるのではない。本当の理性は「よく聞く」ことの内にある。自己を無にし、空にして、他者の声を聞き、森羅万象の声を聞くこと――それこそが理性のはたらきの基本なのである。そして、そのようにして虚心坦懐に事柄そのものの語る声を聞くことができるとき、正しい判断は、いわば事柄の方からやって来る。それは政治的判断においてであれ、何であれ、およそすべての正しく理性的な判断に共通した構造なのである。

そのような理性のはたらきにとって、もっとも妨げになるのは、宗教でも慣習でもなく、不和と敵対である。不和と敵対のあるところでは、人々は、ものごとの声を聞こうとするかわりに自らの耳にぴたりと栓をしてしまう。そして、ただ自己の意思のみを導き手として、大声で「意見」を叫びながらつき進む。しかし、その結果として正しい結論にたどりつく確率は、ちょうど、試験問題を解くのに、問題をまるで見ずにただいきなり答案用紙に○や×をつけていったときの正解率のようなものなのである。

素晴らしい、としかいいようがない。至言であろう。わたしも、このことばを肝に命じようと思っているので、ちょっと「大声で『意見』を叫びながらつき進」みがちな、安倍さん（とお友だち）にも、共感していただけると幸いである。

ところで、少々不思議なのは、これが、『民主主義とは何なのか』で、長谷川三千子さんが、お書きになったことばであることだ。あれ？　長谷川さんも、もしかして、安倍さんのお友だちではなかったろうか。とすると、これは、安倍さんや百田さんへの、友情ある批判なのだろうか。それとも、このようなことをなかなか実行できない自分への厳しい自己批判なのだろうか。どちらにしても、ほんとうに素晴らしい人だと思う。あと、モミイさんという人にも、このことばを贈ってあげてくださいね、長谷川さん。

空気と忖度のポリティクス

——問題は私たちの内側に存在する

中島岳志

中島岳志（なかじま・たけし）

1975年大阪府生まれ。北海道大学大学院法学研究科准教授。大川周明の存在を通じて近代日本の政治思想に興味を持ち、20歳の頃からR・B・ボースの生涯を追いかけ、99年はじめてインドへ。ヒンドゥー・ナショナリストとの共同生活を通じて宗教とナショナリズムの問題を追求する。インド独立運動の闘士を描く『中村屋のボース』（白水社）で第5回大佛次郎論壇賞受賞。他の著書に、『パール判事』（白水社）、『インドの時代』（新潮文庫）、『朝日平吾の鬱屈』（筑摩書房）、『ガンディーからの〈問い〉』（NHK出版）、『秋葉原事件』（朝日文庫）、『「リベラル保守」宣言』（新潮社）、『血盟団事件』（文藝春秋）、『岩波茂雄』（岩波書店）などがある。

出版中止騒動

拙著の出版をめぐって起こった騒動から話を始めたい。

2013年6月、私は新潮社から『「リベラル保守」宣言』という書籍を出版した。この原稿は、数年間にわたって雑誌『表現者』に連載された「私の保守思想」という連載を中心に、既出の論考を再編集する形でまとめたものだった。

そもそも本書は、NTT出版から出版される予定で編集作業が進行していた。『表現者』の連載を読んだ担当編集者のIさんから出版を提案され、引き受けたものだった。2012年の夏ごろには一冊の分量になる原稿がたまったため、書籍化の作業が始まった。私は目次案を作成し、一部、加筆をする形で原稿をまとめIさんに送信した。

当初の予定よりも若干の遅れが生じたものの、作業は順調に進み、装丁・本文組も完成した。私はゲラに赤を入れ、Iさんに戻した。出版の日程も決定し、あとは最後のチェックのみを残す段階となった。

しかし、である。

突然、Iさんの様子がおかしくなった。ある日、装丁家を交えた打ち合わせを終えた後、二人だけで話をしたいことがあると伝えられた。その日のうちに別の場所で会うと、彼は突然、「第三章に手を入れてほしい」と言い始めた。第三章は、橋下徹氏と日本維新の会を批判的に論じた章である。この章の記述が社内で問題になり、修正を要請することになったというのだ。

私は何か自分の記述に瑕疵があったのかと思い、尋ねた。するとIさんは「NTT出版は、公共的な親会社の下にあるため、特定の政治家や政党に対する批判を出すことが問題になるんです」と答えた。そして、「内容を変えていただく必要は一切ないので、章のタイトルから橋下徹氏の名前と政党名をとり、章の冒頭部分を、一見すると橋下氏への批判とはわからないように大幅に加筆してほしい」と懇願された。

私は「それは難しい」と拒否した。第三章はすでに以前に『表現者』に掲載した論考であり、編集者も書籍をまとめる前から既知の内容だった。目次作成から編集のプロセスでも一切問題になることなく、時間が限られた最終段階での要請だったため、私は心底、戸惑った。

Iさんは「どうしてもお願いします」との一点張りだった。そして、「内容に問題があるというのではなく、会社の方針なんです」と強調し、修正と加筆を迫った。

私は「内容は一切変えるつもりはなく、大幅な加筆は難しい」と伝えた上で、自分が納得できる範囲で検討してみることを承諾した。そして、数日後、章のタイトルを「革新を叫ぶ保守への懐疑」と変更し、数行の文章を冒頭部分に加筆する形でゲラを送った。そして、これが精一杯できる妥協の範囲であることを伝えた。

すると、Iさんから連絡が入った。今度は「どうしても上司と会ってほしい」という。嫌な予感がした。

私は東京出張の折、指定された場所に赴いた。そこにはIさんと共に上司のSさんがいた。Sさんは「三章をすべて削除してほしい」という。さらに本文中にある橋下氏に対する批判箇所をすべてカットしてほしいとも要請した。

Sさんは私の橋下批判の内容が問題なのではないという。自分も考え方には大賛成で、このような言論こそ重要だと思うという。しかし、NTT出版という会社の性格上、特定の政治家・政党に対する批判を出版することは難しいという。

私はSさんの要請を受け入れることはできないと言った。当然である。このような要望を簡単に受け入れていては言論など成り立たない。言論人として失格である。数か月間の作業が無駄になることは残念だったが、やむを得ないと思った。結局、互いに折り合うことができず、NTT出版からの刊行は見送ることにした。「先生のお書きになるものは素晴らしいと思っていますので、別の書籍で是非ご一緒させてください」とSさんから言われたが、「もちろんこのような出版社から本を出すわけにはいかない」と答え、話し合いは終わった。

途中、私は出版の基準について尋ねた。NTT出版からは特定の政治家・政党に対する批判を含む書籍が出ている。しかも、それは数十年も前の話ではなく、つい最近、刊行されたばかりのものである。そこには民主党政権に対する厳しい批判があり、特定の政治家が名指しで批判されていた。

私はそのことを尋ねた。するとSさんはしばらく沈黙し、苦しまぎれに「あれは特定の政治家・政党批判ではなく、背景にある社会に対する批判なので問題ない」と言った。「では、どのような表現が政治家批判で、どのような表現が政治家批判に当たらないのか、基準を教えてほしい」と尋ねると、「そのような基準はありません」と言ったまま、黙ってしまった。さらに「なぜ民主党の政治家に対する批判は問題なく出版できて、橋下氏に対する批判は問題になるのか」と尋ねると、無言のまま答えなかった。

この当時、橋下氏をめぐっては、ある問題が話題になっていた。それは佐野眞一氏が『週刊朝日』に掲載した連載についてである。この連載は橋下氏の出自に対する差別的表現が含まれており、社会問題化した。橋下氏は『週刊朝日』を発行する朝日新聞出版を批判すると共に、親会社の朝日新聞社の責任を追及した。結果、連載は中止に追い込まれ、更迭人事と謝罪掲載が行われた。

私はSさんの「忖度《そんたく》」を嗅ぎ取った。当時、橋下氏は政治家として絶頂期を迎えていた。私は橋下氏とテレビ番組で何度か討論し、橋下氏からツイッター上で再三にわたって「バカ学者」「バカコメンテーター」と罵詈雑言を浴びせられていた。橋下氏に対して世論の追い風が吹いていていた。

そんな矢先の『週刊朝日』騒動だった。橋下氏の親会社に対するプレッシャーは効果的で、『週刊朝日』編集部は実質的に崩壊した。Sさんは、このような空気を忖度したのである。

私は、Sさんにこの点を率直に指摘した。Sさんはしどろもどろだった。答えに詰まると「社内の規則だ」の一点張りだったが、「では、なぜ民主党批判は問題ないのか」と尋ねると、答えに詰まる。結局、「いまSさんの中で起きている過剰忖度こそが、私の批判する橋下現象そのものだ」と伝え、話を打ち切った。

続発する忖度

権力は多くの場合、直接的な介入によって行使されるのではなく、現場の勝手な忖度によって最大化する。特に、バッシングを繰り返す独断的な政治家とそれを支持する運動が結びついたとき、忖度は加速する。

近年、この現象はじわじわと拡大している。

本書の執筆者の一人でもある想田和弘監督をめぐって、2013年夏に千代田区立日比谷図書文化館での作品上映が中止に追い込まれそうになった。

この夏は、参議院選挙があった。想田氏の代表作の一つは、ドキュメンタリー映画『選挙』である。参議院選挙前だからこそ選挙のあり方を考えるべきではないかという問いから、『選挙』の上映会が企画され、千代田図書館の指定管理者「図書館流通センター」との間でイベントの話がまとまった。上映は「東風」と「図書館流通センター」の共催事業となり、

7月2日の開催が決定した。

しかし、6月下旬になって、急にセンター側から上映中止の通告がなされた。想田監督が抗議すると、センター側は千代田区・区民生活部図書文化資源課からの懸念が表明され、中止の決定を行ったという。

想田監督は、その時、センター側が説明した千代田区の懸念を、次のように要約している。

参院選の前にセンシティブな内容の映画を上映することは難しいところがある。怖い。映画が選挙制度そのものについて一石を投じる内容になってしまっている。議論が起きること自体が好ましくない。過去に苦情等のトラブルが生じたこともある。

（想田和弘ブログ2013年7月1日「公開質問状と上映後トークへの参加要請、そして抗議文」）

千代田区の担当者は、指定管理会社に対して中止要請は行っていないという。しかし、指定管理者は、運営契約の権限を区側に握られている。トラブルを起こすと、次回以降の契約に支障が生じる。

そのため、区側から懸念が示された段階で、独自に中止を決定した。想田監督が「中止の経緯を公表する」と抗議すると、センターは参院選後の開催を持ちかけた。しかし、「選挙前だからこそ映画を観て語りたい」と拒否すると、「共催」ではなく、東風の単独主催で上映することになった。当初は上映料・謝礼を千代田図書館が東風に払うことになっていたが、逆に会場使用料とチラシ刷り直し費用などを東風が負担することになった。

ここで起こったことは、忖度の連鎖である。このイベントは、指定管理会社のスタッフからの提案で企画が始まった。千代田図書館で働く「図書館流通センター」のスタッフは、想田監督との上映会に積極的な意義を見出していた。しかし、区の担当者からの懸念によって、一転して中止を決定した。区側は中止の勧告を出していない。あくまでも「公平中立な立場を取るべき指定管理者が主体的に開催する事業としてふさわしいかどうかについて確認」しただけであって、「本作品について内容的に問題があるというスタンスで臨んだものではなく、中止要請も行っておりません」としている（千代田区ホームページ2013年7月2日付「千代田区立日比谷図書文化館における映画『選挙』上映会に関する区の対応について」）。

しかし、指定管理会社は契約に関する権限を区側に握られている。立場は弱い。区側は世の中からの抗議・苦情を忖度し、指定管理会社は区からの契約問題を忖度する。結果、誰も中止を求めていないにもかかわらず、最悪の中止要請という結論が下される。一人の映画監督の表現の自由が侵害される。

ここで留意したいことは、区側が懸念を表明した時点で、どこからも上映会に対する抗議など届いていないということである。もちろん政権与党などからの直接的介入など存在しない。そこにあるのは忖度の連鎖という作用のみだ。

このような事象は、連鎖する。

2014年3月2日の神戸新聞が報じたところによると、憲法記念日に神戸市内で開催予定の「憲法集会」（神戸憲法集会実行委員会主催）について、神戸市と同市教育委員会が実行委員会からの後援依頼を拒否したという。登壇者は本書の編者・内田樹氏。神戸市はこれまでの憲法集会は後援していたにもかかわらず、今回は「政治的中立性を損なう恐れがある」として拒否した。

神戸市はなぜ従来の姿勢を放棄し、今回から後援依頼をはねつけたのか。

神戸市教育委員会からの回答には、「昨今の社会情勢を鑑み」という文言が含まれている。彼らの思いははっきりしている。抗議を恐れ、世論を忖度したのである。

この集会の予定について、報道以前に神戸市に抗議が殺到していたという事実はない。市職員や教育委員会が、存在しない抗議を忖度し、勝手に自主規制したのである。もちろん政権与党からの権力的介入など存在しない。

2014年2月には東京都美術館で特定の作品に対する撤去要請が問題となった。「現代日本彫刻作家連盟」の定期展として展示した中垣克久氏の作品「時代の肖像─絶滅危惧種」が特定の政治的主張を行っているとして、美術館側から作品の撤去や手直しを求められた。作品には特定秘密保護法の新聞の切り抜きが配置され、「憲法九条を守り、靖国神社参拝の愚を認め、現政権の右傾化を阻止」と書いた紙が貼られていた。美術館の小室明子副館長は東京新聞の取材に対して、「こういう考えを美術館として認めるのか、とクレームがつくことが心配だった」と話している（東京新聞、2014年2月19日）。もちろんこの時点でクレームは存在しない。関係者が勝手に「心配」しただけである。ちなみに、美術館の運営は東京都歴史文化財団、都の指定管理者である。

森達也『放送禁止歌』

人々は存在しない抗議に怯え、自主規制を繰り返す。忖度は権力に対する批判的チェックの役割を担うメディアの内部においても誘発される。

この問題に鋭く切り込んだのが、森達也氏の『放送禁止歌』（光文社、知恵の森文庫、2003年）である。1960年代から70年代にかけてのフォークソングブームの中、岡林信康「手紙」、赤い鳥「竹田の子守唄」、泉谷しげる「戦争小唄」などが放送禁止歌とされた。森は、これらの歌が放送されなくなった背景に迫り、誰が規制したのかを追求する。

森は当初、規制の背景にクレームが存在すると考えた。しかし、「悲惨な戦い」が放送禁止となったなぎら健壱にインタビューをすると、意外な答えが返ってきた。「悲惨な戦い」はマワシが取れた相撲力士をコミカルに歌った曲である。当然、大相撲協会からのクレームがあり、放送禁止となったのだろうと考え、その点を尋ねると、なぎらは意外な答えを返した。「クレーム？　ありません。自主規制です」（同書、40頁）。

森は、不意を突かれる。彼の思い込みは崩壊し、混乱する。なぎらはそんな森にたたみかける。「あなただけじゃないよ。みんな、そう思いこんでいるみたいですね。でも事実は違うんだよ。要するに、クレームが実際につく前に、クレームが後々つくかもしれないから規制してしまおう。ヤバそうだから蓋をしてしまおう。そういう感覚なんですよね（同書、40–42頁）」。

「自衛隊に入ろう」が放送禁止歌とされた高田渡にもインタビューした。答えは同様。本人に対するクレームなど全く存在しない。放送禁止とされた理由も分からない。自衛隊にはアイロニーが理解されず、逆に喜ばれたという。

森は民放連を取材する。民放連が１９５９年に発足させた「要注意歌謡曲指定制度」が放送禁止の制度的根拠とされるからだ。しかし、当事者に取材すると、放送するか否かの決定は、あくまでも各放送局に委ねられているという。民放連に強制力はない。ペナルティも存在しない。しかも１９８３年以降、要注意歌謡曲という一覧は作成されていない。「放送禁止なる概念は現存していない」。しかも、過去に作成された一覧には、放送禁止歌とされた「手紙」や「自衛隊に入ろう」「イムジン河」「竹田の子守唄」などは、記載がない。制度上、そもそも「要注意歌謡曲」に指定されたことがないのだ。

にもかかわらず、放送禁止というコードが独り歩きし、アーティストが葬られる。「放送禁止歌は存在していなかった」。犯人はだれなのか。

放送局の担当者に取材すると、特定の団体からのクレームが背景にあったという。特に部落解放同盟からの抗議を恐れていたという。しかし、部落解放同盟に取材しても、抗議の事実は存在しない。「手紙」などは「いい歌だ」と思っていたとの答えが返ってくる。

規制の主体を探し求めても、見つからない。明確な犯人など存在しない。

森は規制の本質を「僕たち一人ひとりの内側にある」と考え始める。メディアの中にいる人間が勝手な忖度を繰り返し、密かに自主規制を繰り返すことで、存在しないコードが顕在化される。そして、それは視聴者も同様である。放送禁止というタブーは、空気によって醸成される。

「政治が悪い。メディアも悪い。でもその根源は、徹頭徹尾、僕たちなのだ」(同書、100頁)。

山本七平『「空気」の研究』

空気を読む――。

この問題は、大東亜戦争の問題に帰結する。

戦後日本を代表する保守論客の山本七平は、日本人を拘束し、絶対権威として力をふるう「空気」を論じる。

山本は言う。

以前から私は、この「空気」という言葉が少々気にはなっていた。そして気になり出すと、この言葉は一つの〝絶対の権威〟の如くに至る所に顔を出して、驚くべき力を振っているのに気づく。「ああいう決定になったことに非難はあるが、当時の会議の空気では……」「議場のあのときの空気からいって……」「あのころの社会全般の空気も知らずに批判されても……」「その場の空気も知らずに偉そうなことを言うな」「その場の空気は私が予想したものと全く違っていた」等々、至る所で人びとは、何かの最終的決定者は「人でなく空気」である、と言っている。

（山本七平『空気の研究』文春文庫、1983年、15頁）

山本は戦艦大和の特攻出撃の決定プロセスを検討する。出撃を無謀と考える人たちは、細かいデータで根拠を示し、作戦を阻止しようとする。しかし、出撃を当然とする人たちはデータの裏付けがなく、正当性の根拠は空気に委ねられる。議論は、最終的に空気によって決められる。「最終的決定を下し、「そうせざるを得なくしている」力をもっているのは一に

「空気」であって、それ以外にない」(同書、16頁)。
問題は、空気による決定を下した人たちは、立派な専門家であったという点である。ここには素人の意見は介在していない。彼らはアメリカの実力を熟知するベテランのエリート集団である。無知や不見識、情報不足が問題なのではない。そのような知見を超えた所に、空気による決定が存在するのだ。

戦艦大和の出撃などは〝空気〟決定のほんの一例にすぎず、太平洋戦争そのものが、否、その前の日華事変の発端と対処の仕方が、すべて〝空気〟決定なのである。

(同書、58頁)

山本は、空気の支配に対して「水を差す」ことの重要性を訴える。彼は「水」を「通常性」と捉え、熱狂に抗する存在として集合的経験則を対置させる。人々を現実に引き戻す「水」によって支配的な「空気」は一瞬で崩壊する。重要なのは人々の熱を冷ます「水」である。

池島信平の叫び

戦後日本を代表する編集者のひとりで、文藝春秋の第三代社長をつとめた池島信平は自伝『雑誌記者』（中公文庫）を残している。

池島は、終戦間近の1945年5月1日、雑司ヶ谷にあった菊池寛の家で赤紙を受け取った。即座に海軍に入隊させられ、横須賀に2週間滞在した後、北海道に送られた。そして、千歳第二基地の滑走路造りに投入され、終戦まで工事に携わった。

池島は海軍に入ってすぐに、ひどい体罰の現場を目撃した。それに心底憤った彼は、「こんな軍隊なら早く消えてなくなれ」と思い、「こんなバカバカしい軍隊の一員として戦争で死んでは犬死」なので、「万難を排して生きて帰ろう、と心に誓った」。

池島は「自由な精神と表現」を、生涯、一貫して尊重した。そして、それを抑圧する全体主義や軍国主義を、心の底から嫌った。1930年代後半には、「ファシズムの足音」に恐怖を感じながらも、時局に便乗する同僚には毅然と抵抗した。

国体明徴といい、天皇への帰一といい、現代ほどこれが強く意識的に強行されている時代はない。日本の歴史を冷静に読んで見給え。

（『雑誌記者』中公文庫、1977年、101頁）

しかし、時代は「右へ、右へと動き」、ついには「筋道の通った考えが通らな」くなった。「問答無用の強権が支配」し、熱狂が社会全体を覆った。池島は、次第にそのような時代に埋没して行った。

戦後、北海道から東京に戻った池島は、文藝春秋の再建に奔走する。荒れ果てた社屋、粗悪な紙、資金不足など様々な困難が立ちはだかっていたにもかかわらず、彼はうれしくて、たまらなかったという。

雑誌がつくれる、これから自分の思うままの雑誌をつくることができる。(…)『文藝春秋』を編集することができる。(同書、175頁)

雑誌『文藝春秋』は、10月号から復活した。本文は、広告を入れても、たった32ページしかない。表紙も普通の印刷用紙。それでも紙面には、池島の情熱があふれていた。

しかし、そのような池島の意気込みの前に現れたのは、節操のない日本人の群れだった。昨日まで戦争に熱狂していた人々が、今度は一転して平和主義者の顔つきをし、天皇を罵倒する。これまでの空気が別の空気に変わっただけで、空気の支配は変わらない。彼はこのような日本人に激しい嫌悪感を抱き、その薄汚い精神を正さなければならないと誓う。

きのうまで神州不滅とか、天皇帰一とか、夢のようなことをいっていた連中が、一夜にして日本を四等国と罵り、天皇をヒロヒトと呼びすてにしている。にがにがしいと思った。よろしい、みなさんがその料簡なら、こちらは反動ではないが、これからは、保守派でゆきましょうと思った。(…)とにかく、メチャクチャの精神的混乱であった。人心の軽薄にして恃むべからざることを知るとともに、わたくしは当時、一種の無常感に陥ったことを告白しなければならない。(同書、177-178頁)

池島は、この年の『文藝春秋』12月号の巻頭文を、オールドリベラリストの長谷川如是閑に依頼する。そして、「敗けに乗じる」というエッセイを受け取り、それを堂々と掲載する。この論考は「われわれ日本人には物事に乗じて、日本がズルズルと無謀な猪突猛進する傾向がある」ことを諌める内容で、池島は「何度も心に肯」きながら原稿の校正を行った。

池島は言う。

当時(戦前―引用者)の言論の急変化に対して、私はいまでも自責と無力感をもたざるを得ないが、もしこの勢力が外部だけであったならば、われわれはもっと強くこれに対して反撥できたであろう。しかし内部からくる、なんともいえない陰惨な暗い影に対しては、自分ではどうにもできず、ただやりきれなさのみが残って、これと正しく闘うということができなくなってしまったことを正直に告白しなければならない。時代がいよいよ右翼になると、これらの人達はいよいよ右に偏って行った。いうことはいよいよ支離滅裂であるが、熱情はいよいよ強く、熱情のみによって、むしろあらゆることがジャスティファイされるような印象さえ与えるようになった。（同書、100頁）

これからのちにどのような時代がくるかわからないが、われわれ古い編集者が、懺悔とともにこれからの若い編集者にいい得ることは、もし将来、再び暗い時代が来た時、敵は外にあると同時に、もっと強く内部にあると覚悟してもらいたいことである。（同書、102–103頁）

池島は、常に空気を疑った。彼は空気に乗じ、熱狂を煽る人間への不信を表明した。空気に抗い続けた池島は、戦中には偏狭な国家主義者に抵抗し、戦後は浮ついた戦後民主主義者に嚙みついた。池島にとって、戦前の国家主義と戦後の民主主義は連続していた。彼は軽薄な熱情に異議を唱え続け、「にがにがしい思い」を原動力に出版活動を続けた。

戦後の保守論壇を支えた山本七平と池島信平は、時代を支配する空気に対して水を差すことを信条とした人間だった。今の保守論壇は、彼らの気概を継承しているだろうか。むしろ、軽薄な熱狂を煽る側に立っているのではないだろうか。

佐村河内問題と後出しジャンケン

日本において、空気の存在は「絶対権威」である。水になることには、強い意志が必要となる。

2014年初頭に大きな話題となったのが佐村河内守氏のゴーストライター問題だった。嘘で塗り固められた虚像は、「現代のベートーベン」と称賛され、CDはクラシック音楽としては異例のセールスを記録した。

もちろん佐村河内氏は酷い。もし、難聴についても偽装していたのだとすれば、許されない行為だろう。ただし、どんな時代でも醜悪な偽物は存在する。その手口が巧妙であれば、人々は騙される。特に感動的なエピソードが先行していると、疑心は消え、物語に飲み込まれやすくなる。

騙された人をあげつらうつもりはない。私自身は佐村河内氏のことを騒動後に知ったため、NHKの番組も見ていなかったが、もし見ていたらまんまと騙されたかもしれないなと思う。

ここで問題にしたいのは、騒動後に「自分は怪しいと思っていた」と言い出す人たちである。朝日新聞は2014年2月11日付で「偽りの物語、感動生む装置に　佐村河内氏問題への自戒」という記事を掲載した。ここで記者は、取材中に彼に対して「かすかな違和感を覚え始めていた」と言う。彼が障害のある子どもたちとの交流をメールで報告してくるようになったことが原因だという。しかし、記者は佐村河内氏を賞賛するインタビュー記事を書いた。そして、ゴーストライターの発覚後、取材当時から違和感を覚えていたと表明した。「後出しジャンケンはズルい」などと言いたいのではない。この人たちは「実はおかしいと思っていた」と得意げに言って見せることで、大変な告白をしていることに気づいていない。彼ら・彼女らは「自分は変だと思っていても、感動に迎合して報道する人間だ」と表明しているのである。

騙された人間は、騙されたことを反省すればいい。しかし、したり顔で「後出しジャンケン」をする人間には今後、注意しなければならない。彼ら・彼女らは、おかしいと思っていても沈黙したり、空気に便乗したりする人間だからだ。この人たちに言論を任せる訳にはいかない。

全体主義は感動を伴って蔓延する。大衆社会とメディアが一体化して感動を煽り、抗いがたい空気を作り出す。ジャーナリストや言論人は、これに対して水を差さなければならない。しかし、メディアは空気に便乗する。空気の支配を先導し、助長する。

佐村河内問題で問われているのは、偽物の醜態よりも、メディアや言論人の醜態である。しかし、佐村河内氏の記者会見後、テレビは嘲笑することに熱狂した。そして、聴覚障碍者への偏見を助長する番組を流し、自らを省みることはなかった。

これまでの感動を支えていた空気は、バッシングという空気に一変した。しかし、空気の内容は変化しても、空気の支配は変わらない。空気を煽った人間が、次の空気に巧みに乗り換える。そして「後出しジャンケン」をする。

全体主義を支える人間は、このような人間に他ならない。

安倍首相の靖国参拝と『永遠の0』

巧妙で臆病な人間は、空気を忖度する。そして、忖度は連鎖する。

空気は感動を伴って蔓延する。これに水を差すことには勇気がいる。オリンピック東京開催に違和感を表明すると、即座にバッシングの対象となる。STAP細胞の大々的な発見報道に対して「生命倫理上の問題は存在しないのか」と指摘すると「水を差すな」と叩かれ、論文内容が怪しまれ始めると、一転して研究発表者に対する攻撃一色となる。

感動とバッシングは、コインの裏表の関係である。そして、両者は空気の構成要素として、強固な力を発揮する。

安倍首相の口からは、バッシングと共に「感動」というタームが頻出する。彼は作家の百田尚樹氏と雑誌『WiLL』誌上で何度も対談を行っているが、そこで百田氏の『永遠の

0』を「感動作」と絶賛し、他者のために命を捨てる尊さこそ百田作品の主題と言及している。そして、靖国参拝について次のような対話を行っている。

百田　歴史ということで言えば、やはり靖国神社についても伺いたいのですが、ここはもう私の願いだけを申し上げますと、私は安倍総理に是非とも参拝していただきたいと願っています。

安倍　これは一年前の百田さんとの対談時にも申し上げたとおりですが、第一次安倍内閣のとき、総理在任中に靖国神社へ参拝できなかったことは痛恨の極みでありました。その想いはいまも全く変わっていません。国のために尊い命を捧げた英霊に手を合わせ、ご冥福をお祈りし、尊崇の念を表するのは当然のことであると思います。そのことに対して、隣国からやめろといわれる筋合いもありませんし、非難されるいわれも全くありません。

（安倍晋三・百田尚樹『日本よ、世界の真ん中で咲き誇れ』ＷＡＣ、２０１３年）

この対談は、２０１３年12月26日の靖国参拝の前に行われている。安倍首相は参拝後、次のような談話を発表した。

今の日本の平和と繁栄は、今を生きる人だけで成り立っているわけではありません。

愛する妻や子どもたちの幸せを祈り、育ててくれた父や母を思いながら、戦場に倒れたたくさんの方々。その尊い犠牲の上に、私たちの平和と繁栄があります。今日は、そのことに改めて思いを致し、心からの敬意と感謝の念を持って、参拝いたしました。

この談話は、百田氏との対談の延長上に位置付けることができる。映画『永遠の0』は安倍氏の靖国参拝の5日前に劇場公開された。特攻隊の死を描いた「感動」の物語が話題になる中、靖国参拝は行われたのである。安倍首相は12月31日に東京・六本木の映画館で公開中の映画『永遠の0』を鑑賞し、記者に対して「感動しました」と答えた。印象に残った場面を問われると、数秒間沈黙し、声を絞り出すように「やっぱり、ラストシーンですかね……」と語ったという。

百田氏は安倍首相の指名により、2013年11月にNHK経営委員に就任する。そして、委員会で次のような発言を行ったと報道されている。

歴史的課題を含めて今の日本が直面している色々な課題について知らせる番組があればいいのではないか。例えば尖閣や竹島問題、または靖国神社についての極東軍事裁判や在日朝鮮人・韓国人に関することなど色々な意見がある渦中に、多くの人が自身の考えを持つだけで知識を得る機会がないのが現実だ。公共放送として日本が抱いている色々な問題や歴史について最低限の知識を伝える番組があってもいいのではないだろうか。

ＮＨＫ経営委員は、ＮＨＫが制作する番組内容に介入してはならない。しかし、この発言は、希望する番組内容に踏み込んでいる。２０１４年2月に行われた東京都知事選挙では、田母神《たもがみ》俊雄氏以外の候補を「人間のくずみたいなもの」と発言し、物議をかもした。新任の籾井会長は「政府が『右』と言っているのに我々が『左』と言うわけにはいかない」と発言している。百田氏の発する「感動」と「バッシング」を、ＮＨＫ職員はどのように捉えるだろうか。

ＮＨＫの番組制作の現場にいる人間は、空気を読んではならない。勝手な忖度を加速させてはならない。同じことを繰り返し言いたい。権力の発動は、直接的な介入によって行われるのではなく、勝手な忖度によって最大化する。問題は現場の人間の内側に存在する。個人が心がけるべきは、自己に宿った臆病に屈しないことである。空気を読まないことである。

今後、言論は益々萎縮して行くだろう。過剰忖度によって、言論の自由が侵され続けるだろう。しかし、私たちにできることは、常に自己を客体視し、忖度する内面に敏感になることである。そして、他者による忖度に直面した時、その力に屈しないことである。

全体主義は、大衆の熱狂によって蔓延する。長いものに巻かれてはならない。迎合してはならない。

問われているのは、戦時中に竹槍戦術が施行されているとき、「それはB29にはとどかない」と言えるかどうかである。いつの時代も、醒めた人間の常識こそが、水を差す力となる。

国民国家の葬式を誰が出すのか

中野晃一

中野晃一（なかの・こういち）

１９７０年東京都生まれ。上智大学国際教養学部教授／同大学グローバル・コンサーン研究所所長。東京大学文学部哲学科、英国オックスフォード大学哲学・政治コース卒業、米国プリンストン大学で博士号（政治学）を取得。専門は比較政治学、日本政治、政治思想。著書に『ヤスクニとむきあう』（編集、めこん）、『民主党政権失敗の検証』（共著、中公新書）、『戦後日本の国家保守主義——内務・自治官僚の軌跡』（岩波書店）などがある。

国民国家もまたいずれ消滅する

世界の歴史をふりかえると、政治経済体制としてかつて都市国家や封建制、絶対王政などがあり、日本においても、荘園公領制や幕藩体制などがあった。

近現代においてはヨーロッパを先頭に国民国家の形成が進められ、やがてこれらのうち強大な国民国家は植民地帝国をなしたが、二度の世界大戦と民族自決機運の高まりを受けて脱植民地化へと流れが変わると、今度はまた新たな国民国家が、アジアをふくめた世界のより広範な地域で誕生していった。

日本でも幕末期に西洋列強に脅かされるなかで、明治維新を経て国民国家の生成が急がれ、やがて大日本帝国として海外に植民地を広げていったが、第二次世界大戦に敗れ、主権を本州、北海道、九州、四国および「諸小島」に限定するポツダム宣言を受諾することを余儀なくされた。ポツダム宣言に先立つカイロ会談では、日本が第一次世界大戦以降に獲得した太平洋の島嶼《とうしょ》のいっさいを放棄すること、満州や台湾などを中国に返還すること、朝鮮の自由独立が認められるべきことなどが合意されていた。日本国もまた、占領統治と民主化改革の後、ふたたび国民国家として再スタートを切ることが許された。

こうしてこんにちに至るまで、国民国家は近現代世界の主流をなす政治単位としてあるのだが、歴史を概観したときに明らかなのは、永久不変の統治機構というようなものは存在せず、国民国家もまたいずれ消滅してしまうことがじゅうぶんに考えられる、ということである。いやむしろ、やがて国民国家が消滅して、人や共同体相互の共存と暴力の問題をつかさどる何か別の組織や関係性にとって代わられるものと予期することのほうが自然、とさえ言えるだろう。

むろん、そうかと言って、今日明日にでも国民国家が消えてなくなるという話ではない。それどころか、国民国家はまだまだ100年以上生きながらえるかもしれない。ここでの論考は、グローバル化の進展によって、瞬く間に国民国家が意味をなさず消失していくだろうというような見立てとは異なる。

他方で、ただちに国民国家がなくなるわけではないだろうということは、国民国家が元気に飛び跳ねているということを意味するのではない。往時の勢いはどこへやら、国民国家の空洞化、形骸化は目を覆うばかりの惨状である。しかし、まだ最後の力をふりしぼっていつ何をしでかすかわからない、かなり厄介なタイプの重病患者だと言っていい。

カラ元気というか、お互いに虚勢を張りあい、ありもしない力こぶを無理に見せびらかして威嚇しあっているような、そんな危なっかしい最期を迎えることにならないのか、案じられるのである。

こうした心配の原因は、国家というものの本質にある。マックス・ウエーバーが述べたように、国家は、「特定の領土内において、物理的強制力の正統な行使を独占すること」をその基盤としている。簡略化して、国家を指して「合法的な暴力装置」というような言い方をすることがあるのは、ここから来ているのだ。

事実、国家支配が成立しているところでは、通常、私的な制裁は法的に禁じられていて、仮に心情的に理解できるような理由があったとしても、個人が殴ったり、殺したりすることは、警察権力や司法当局の処罰の対象となり、逆に国家の物理的強制力の行使を受けて、逮捕、拘禁などされてしまう。

あるいは、アメリカのような例外を除いて、一般市民による銃砲刀剣類の所持や使用が厳しく規制され、武器は警察や軍隊などの国家機構によって集中管理されているということも同じことである。

そうした前提をふまえると、国民国家が弱体化していくということは、とりもなおさず、集中管理している暴力手段がどこにどう拡散してしまうのか、あるいは集中されたまま誰の手にわたってしまうのか、というような懸念を生むことになる。

これは、ソ連が崩壊していく際に軍の有する大量の核兵器がどうなってしまうのか、皮肉なことに冷戦期の凍るような米ソにらみ合いの状況よりも、かえって不安定要因が増したことに似ている。

ある体制が終わりを迎えていく移行期に突入していくということは、それ自体は避けがたいことであったり、あるいは望ましいことであったりさえしても、必然的にこうした不安定化にかかわる問題を抱えていると言えるのだろう。

そう考えたときに重要になってくるのが、いったい誰が国民国家の葬式を出すのか、誰が国民国家の最期を看取るのか、ということである。

この論考では、国民国家をやがて来るべき確かな死へと向かわせている大きな流れと、それに対抗するかたちで国民国家の先を見越すようなもうひとつの流れを展望してみたい。

「国民」が先か「国家」が先か

さて、国民国家だが、ヨーロッパ史を専門とするアメリカの歴史社会学者チャールズ・ティリーは、通常 nation-state と呼ばれ、「言語、宗教、シンボルなどに基づいた強いアイデンティティを共有する人びとによって形成される国家」に対して、national state という、「複数の隣接する地域や都市を集権、分化、自律した構造によって統治する国家」を対置して論じた。

ティリーの指摘するところによると、世界史的に見て厳密な意味での nation-state（いわば「単一民族国家」のようなもの）は極めて少なく、national state のほうが現実を正確に表しているのだが、実際こうした国民国家の規定の仕方のほうが、「国民」が先にありその後に「国家」が作られるわけではなく、戦争を含めた「国家」の生成過程において「国民」が作られる側面をより端的に捉える可能性を有していることが大事だと考えられる。

実際、明治日本においても、すでにそこにあった単一のアイデンティティを基盤に国民国家ができたわけではなく、国土を確定し、国家機構を整備すると同時に、国民を創出する努力が新政府の指導者たちによってなされたのだった。

そうしたnational stateとしての国民国家生成の過程をよく表しているのが、こんにちでは普通歌われることがなくなった『蛍の光』の3番と4番の歌詞である。文部省音楽取調掛の編で1884年に出版された『小学唱歌集　初編』に収録された際には（当時の題名は『蛍』）、

三
筑紫の極み。陸の奥。
海山遠く。隔つとも。
その真心は。隔てなく。
一つに尽くせ。国の為。

四
千島の奥も。沖縄も。

八洲の内の。護りなり。
至らん国に。勲しく。
努めよ我がせ。つつがなく。

というように、まさに国土を定め、国家の統治を及ぼし、そのために尽くす国民を育てることが目標とされていた。

ティリーは、国家の形成過程に影響を及ぼす最大の要因として、戦争の役割を強調することで知られるが（「戦争が国家を作り、国家が戦争を起こす」"war made the state, and the state made war"）、やがて、広大な農村人口、資本家、そして比較的商業化された経済を組み合わせ、常備軍を有するnational stateとしての国民国家が、戦争遂行に関する比較優位性のために勝ちのこり、成功モデルとして収斂を招いていったと論じている。

こんにちまでにほとんどすべての国民国家は、単にティリーの述べたような「複数の隣接する地域や都市を集権、分化、自律した構造によって統治する国家」として存立するだけではなく、(1)統治における国民代表性と、(2)経済生活に関する社会契約を前提とするものへと変化していったことが指摘できる。

まずは統治における国民代表性だが、これは必ずしも国民によって民主的に選ばれた政治家たちが統治することを約束するものではない。しかし、統治者たちはこぞって国民を代表することを標榜するようになったのだ。民主集中制などもあるので実態はともかくとして、こんにち中華人民共和国や朝鮮民主主義人民共和国なども含めて国家のほとんどが民主的であると自称しているのである。むろん戦後の日本も含めて、代議制民主主義をとる国民国家も多い。

経済生活に関する社会契約というのは、具体的には、労働や福祉についての国民国家内における一般的な合意を指している。これは積極的に、社会権のようなかたちで、納税や兵役の義務と引き換えに、思想や言論の自由などの市民的自由や参政権の延長線上に権利として勝ちとられた場合もあれば、戦前の日本で軍部の要請で厚生省が設立されたように、健康な兵隊や彼らを産む健康な母親を求める国家側の都合から、国民に対して保健や社会保障の施策がなされるようになった場合もある。

またさらに、戦間期から第二次世界大戦後の冷戦期のコンテクストにおいていわゆる西側諸国で、階級闘争の先鋭化を避け国民生活と政治の安定を図るべく、資本家階級と労働者階級の妥協が雇用、福祉、賃金などさまざまな政策分野において図られたということもあった。

戦後日本において謳われた「一億総中流」意識や「超包括政党」としての自民党長期単独政権というような現象は、必ずしも正確に現実を捉えるものとは言い切れない側面があったにしても、政治、経済、社会面で国民国家としての一体感が相当程度に実感を持って受け止められていたことを示すことは間違いないだろう。

このように国民国家の「黄金期」とも呼べるような時期は、日本では1954年から1973年までつづいた高度経済成長期と重なっており、西ドイツやオーストリアでも第二次世界大戦後1970年代に入るまでつづいた「社会市場経済」を基盤にした「経済の奇跡」(Wirtschaftswunder)、フランスにおいても同様に1970年代半ばまでの「栄光の30年」(Trente Glorieuses)というように、ヨーロッパ大陸でも多くの国で経験されたのだった。

またイギリスでも1970年代末まで、保守党と労働党の二大政党が政権交代を繰り返しつつも、一貫して「コンセンサス政治」の時代がつづいた。戦後、労働党政権が導いた福祉国家とケインズ主義経済政策路線を設計したのは、ウィリアム・ベヴァリッジとジョン・メイナード・ケインズの2人のリベラル知識人であった。またこの時代の保守党を牽引したのは、ベンジャミン・ディズレーリの流れを汲むOne-nation conservatismと言われる国民統合をもって是とする保守主義であり、国民国家のうちなる有機的な繋がりを重視し、父権主義的な弱者保護を行なうことを「ノーブレス・オブリージュ」(高貴なるものの責務)として富裕層が自らに課するものだった。

企業利益の最優先化と国家権力の私物化と

こうして、いわゆる自由主義陣営の先進国において、代議制と社会契約を柱に戦後30年ほど国民国家が全盛期を迎えていたわけだが、マーガレット・サッチャーが1979年に保守党政権を樹立したイギリスを皮切りに、保守主義の新右派転換（New Right transformation）が政治そのもののありようを大きく変えていくことになる。

1981年にアメリカでロナルド・レーガンが大統領に、1982年に日本で中曾根康弘が首相に就任するというように、新右派転換の第一波とも言うべき現象が主要な先進国のいくつかにおいて1980年代に見られることになった。

新右派連合（New Right coalition）は、イギリスの政治学者アンドリュー・ギャンブルによって「自由な経済と強力な国家」（the free economy and the strong state）と称されたように、新自由主義的な経済政策と権威主義的な国家のあり方の組み合わせを特徴としており、それまで支配的であった階級妥協と国民統合を志向するコンセンサス政治の「改革」を旗印とする。

これは、経済的自由主義と政治的反自由主義の連合という言い方もできるが、実態としては、とりわけ金融資本を中心とした企業利益の最優先化と、それを可能にするために国家権力の強大化と私物化が同時進行的になされたと述べたほうがより正確かもしれない。

新右派転換の先陣を切ったイギリスでは、過半数に届かなくても相対的にほかのどの候補者よりも多い得票があれば議席を獲得できる小選挙区制を用いているのだが、結果として、この小選挙区制が、「得票における少数派」を「議席における多数派」にすり替える魔法の装置として機能した。多くの選挙区でいわゆる「死票」のほうが過半数を占める事態が生じるので、サッチャーを含め戦後のほぼすべての政権は全体として40％前後の少数派からの得票でじゅうぶんな議会多数派を形成できてしまうのだ。

事実、戦後これまで合計18回イギリスで総選挙が行なわれてきたなかで、議会第一党となって勝利を収めた政党の総得票が過半数を超えたことはただの一度もないのである。

このような条件を踏まえ、サッチャーは１９９０年までの首相在任期間中、一貫して保守党の票田にあたるイングランド東南部の金融資本やサービス業の利害を優先する政策をとった。その結果、株式市場や住宅市場が好況に沸く一方で、イングランド北部やスコットランド、ウエールズなどの製造業は衰退をつづけ、失業率は大恐慌以来のレベルにまで上がり、貧困問題は悪化の一途をたどったのだ。

サッチャーは保守党が「国民政党」であることを放棄しても、小選挙区制のもと効率よく議席の多数を確保すれば、政権に留まりつづけることができることを熟知していたのである。

さらに言うならば、マネタリズムに始まり、民営化、ロンドン証券取引所ビッグバンなどの規制緩和、人頭税の導入といった一連の新自由主義的政策は、サッチャーが、フォークランド紛争でナショナリズムを煽って大衆的な支持を調達し、政府内で絶大な権力を集中させ、労働組合など国内外の「敵」を排除していくなかではじめて可能になったのだった。

しかし、そのように新右派転換を推し進めた結果、国家と国民の紐帯《ちゅうたい》であるはずの国民代表性と社会契約は大きく揺らぎ、現在、国民国家としてのイギリスは存続の危機にある。2014年9月にスコットランド独立の是非を問う住民投票が実施されることになっており、もはや国民国家としての解体の可能性さえ視野に入っているからである。

新自由主義改革の痛みを一方的に押しつけたサッチャー保守党は、スコットランドやウエールズで大きく支持を失い、1997年についにトニー・ブレア率いる労働党が保守党から政権を奪取した際には、保守党はただ一つの議席さえスコットランドでもウエールズでもとれないところまで来ていた。

元来、「保守統一党」（Conservative and Unionist Party）と名乗り、「連合王国」の国民国家としての統合を党是とする保守党であるにもかかわらず、ふたたび政権に返り咲いた現在でも、スコットランドで1議席しか獲得できず、労働党、自由民主党、スコットランド国民党の後塵を拝する第4政党としての地位が確定してしまっている。

今回の国民投票でスコットランド独立が支持されるかはわからないが、皮肉なことに保守党政権下の新右派転換によって、スコットランドやウエールズの長期的な離反傾向が不可逆的なものになったのはまぎれもない事実なのだ。

損なわれた国民代表性と社会契約

超大国として、イギリス以上の影響力を駆使し世界の新右派転換を牽引してきたアメリカにおいても、金融資本を中心としたグローバル企業による寡占的政治支配が国民代表性と社会契約を破綻させてしまったことが明らかになっている。

サブプライム住宅ローン危機、そして2008年のいわゆるリーマン・ショックに端を発した世界金融危機のあおりを受けて不景気が広がり、若年層を含めて雇用状況が著しく悪化すると、金融資本の「強欲」(greed)とそれを野放しにしてきた政府や議会に対する批判が「我われが99%である」というスローガンに結晶し、ウォール街のあるニューヨークのみならずアメリカ全土(そして世界各地)に「オキュパイ(占拠)運動」として2011年の秋から冬にかけて広まった。

形式上「選挙」で選ばれていても、グローバル企業によって政治エリートたちは買収され代議制は機能不全に陥っており、もはや99%をなす国民が自らの直接行動で公共空間を「占拠」するほかない、ということである。

しかも、世界金融危機と政府の対応への批判を契機とした市民たちによるもう一方の反体制運動としては、オキュパイ運動が沈静化した今もますます勢力を伸ばし、連邦議会共和党を牛耳るまでになってしまったティーパーティー運動がある。

「小さな政府」ポピュリズムと反動的な白人保守主義を信条とした極右運動の様相を呈しつつあるティーパーティー運動のサボタージュ戦略によって、ワシントンDCで長年培われてきた代議制民主主義の政治文化は大きく損なわれ、度重なる政府閉鎖危機に見られるように連邦政府と議会は覆いようもないまでに弱体化し、国民代表性や社会契約を担保することなどおよそできないまでに党派と階級の対立が先鋭化してしまっている。

日本における新右派転換は、中曾根政権期の民営化政策などによって始められたが、その本格化はやはり1980年代末からの（当時「政治改革」と呼ばれた）選挙制度改革が1994年に小選挙区制の導入として結実してからのことである。

1996年に新選挙制度のもとではじめて衆議院選挙が行なわれると自民党は復調し、その結果組閣された第二次橋本龍太郎内閣は自民党単独（社会民主党と新党さきがけは閣外協力）となった。そうして橋本は「6大改革」の一環として、いわゆる日本版金融ビッグバン、小さな政府や首相・内閣への集権化などを目標とした行政改革を遂行した。

さらに構造改革や郵政民営化改革で記憶される小泉純一郎政権では、製造業における派遣労働の解禁がなされるなどして、企業利益の最優先化がさらなる進展を見せたのだ。

こうして、1990年に2割だった非正規労働者の比率は、いまや4割に迫るところまで上昇しており、2002年2月から2008年2月までの戦後最長の景気拡大期間には多くの大企業が史上最高益を更新したにもかかわらず、賃金は下がりつづけたのである。

高齢化や雇用の劣化と直結して貧困問題は悪化し、2010年に政府が発表した貧困率は、経済協力開発機構（OECD）加盟国のうちメキシコ、イスラエル、トルコ、チリ、アメリカに次いで最も貧困が深刻な16%という水準にまでなってしまっている。もはや「一億総中流」は神話以外のなにものでもない。

現在、第二次安倍晋三政権では、さらに派遣労働の期間制限撤廃（無期限化）などの労働規制緩和が進められており、今後、ワーキングプアの問題は底が抜けたように拡大していくことが予想される。戦後日本経済を長らく支えた社会契約は完全に破綻してしまった。ところで新右派連合という視点から見たとき、中曽根、橋本、小泉、安倍という新自由主義的経済政策を推し進めた「改革派」首相が、いずれも首相在任中に靖国参拝というナショナリズム・カードを切ったことは、単なる偶然の一致ではないということが理解できるだろう。

イギリスの政治社会学者コリン・クラウチが指摘するように、ごく少数の富裕層やグローバル企業エリートを利するだけの新自由主義は、一般に人気のある政治潮流ではないため、一定程度の政治的影響力を勝ちとるには、必ずナショナリズムなどほかの政治潮流と連合を組む必要がある。

新右派連合とはまさに、社会契約をご破算にして富裕層の階級利益をひたすら追い求める際に、そうした政策の実行を可能にし、またその事実を覆い隠すためにナショナリズムを煽り、国家権力を集中・強大化することを可能にするものなのだ。

言うなれば、長い歴史のなかで national state としての国民国家が国民代表性や社会契約により国民統合を図ってきたプロセスを破壊することの埋め合わせに、nation-state たる国民国家をなすとされる「単一民族」のアイデンティティやシンボルをことさらに祭り上げ、押しつけることによって国民と国家の同一性を力づくで担保しようということである。

議席数は民意を反映していない

このような復古的な国家主義の旗手として、1990年代後半から戦争責任、慰安婦問題など歴史修正主義を自民党のメインストリーム化することに大いに貢献した安倍の役割は際立っていると言える。小泉の後を継いだ第一次内閣でも、教育基本法の改正により愛国心教育の導入に着手し、防衛庁を省に格上げし、改憲アジェンダの前進に向けて国民投票法を成立させたのだ。

そして現在の第二次内閣においても、ひとたび参議院選挙に勝利すると強権的な政権運営を行いはじめた。日本銀行総裁、内閣法制局長官、NHK経営委員など、従来は時の政権から一定の独立性を有するはずの人事に介入し、国家安全保障会議設置法と合わせて特定秘密保護法を強行採決したあげく、靖国神社を参拝し国内外の強い反発を受けた。

2014年に入ってからも、集団的自衛権をめぐる解釈改憲、共謀罪の新設に意欲を燃やしていることは明らかで、さらに一旦は棚上げした96条改憲を皮切りに、9条ばかりか基本的人権など現行憲法の性格を根本から書き換えてしまうような自民党改憲案の実現に着手することを、政治家としての最終目標としているようである。

新右派転換の最終段階とも言える、このような安倍政権の暴走の前提条件として、小選挙区制が統治における国民代表性をないがしろにすることを可能にしてしまったことがある。野党らしい野党すら存在しない現状は、ネオ一党優位制とでも呼ぶべきものだが、衆議院において自公連立で3分の2を超える議席を有するばかりか、みんなの党や日本維新の会など自民党の衛星政党を加えると、実に4分の3をうかがう情勢となっている。参議院でも、自公にみんな・維新を足すと議席保有率は3分の2となっているのである。

これに対していまだにさらなる分裂・解党の危機を乗り越えたとは言い切れない最大野党の民主党は衆参ならして15%にしか達せず、中選挙区制の下ではつねに3割程度の議席を維持していた社共の左派政党に至っては3%にまで落ち込んでいる。

これほどまでに著しくバランスを欠いた政党システムは、むろん戦後初めてのことだが、本当の問題は、こうした国会両院における議席配分が、現実の投票によって示された民意を反映しているのではないということだ。

「一票の格差」だけでなく、イギリスと同じ小選挙区制（参議院選挙では地方区の1人区を含めて）の歪みによって、実際には得票数上の少数派が議席数上の圧倒的な多数派にすり替えられているのである。

２０１２年の衆議院選挙で圧勝し、政権復帰を果たした自民党は、実際には２００９年に民主党に惨敗して下野したときよりも総得票数を大幅に下げており、比例区における絶対得票率（得票数を棄権や無効を含む有権者数で割ったもの）に至ってはわずか16％に過ぎない。つまり、積極的に安倍自民党を支持したのはわずか６人に１人に過ぎず、いわゆる「ねじれ国会」を解消した２０１３年の参議院選挙でも、自民党の比例区の絶対得票率は18％弱とほぼ変わっていないのである。

もちろん現在のネオ一党優位制は、民主党への支持が崩壊、投票率が戦後最低レベルにまで落ち込み、さらに分散化した野党間で票が割れた結果としてできあがったものであり、それまでいくら小選挙区制の「上げ底」効果に助けられてきたとは言え、例えば２００９年に民主党に政権を奪われた際には多くの自民党議員が議席を失った。

小選挙区制導入以来の政党間競争の激化や政界再編のなかで、過去20年間で日本の政治エリート層で大きな世代交代が見られたわけだが、若くしてアジア太平洋戦争を直接体験した旧世代が今や完全に引退し、代わりに新世代の政治家たちが登場した。

これら日本の新世代の保守政治エリートに着目したとき、どう逆立ちしても負けようがないほどに強固な父や祖父の代からの地盤を引き継ぐ世襲議員の安定感を無視することはできない。2005年の郵政選挙で初当選を遂げた数多くの小泉チルドレンが2009年に敗退したなかで、父・純一郎の威光を借りた小泉進次郎が新人であるにもかかわらず小選挙区で楽勝したことが印象に残る。

近年の自民党は、所属国会議員の半数近くが政治家の家系出身という高い世襲率となっており、政府与党の幹部クラスに限るとその割合は更に高いのである。1990年代前半の宮澤喜一以来、自民党の首相で世襲議員でないのは森喜朗ただ1人であり、その森とて地方政治家の家系の出なのだ。

2006年に小泉後継を決める自民党総裁選に際して有力候補と目された4名全員が世襲議員で、勝った安倍に至っては、祖父・岸信介、大叔父・佐藤栄作というように、一家から3人目の首相だった。安倍につづいた福田康夫、麻生太郎（そして民主党の鳩山由紀夫）もまた元首相の息子ないし孫であり、さらに安倍の返り咲きとなった2012年の総裁選においても、石破茂、石原伸晃、町村信孝、林芳正と候補者全員が世襲政治家だった。

もはや世襲議員であることが自民党総裁候補としての前提条件となったと言え、逆に、小泉進次郎のように元首相の子や孫であれば、実績や経験の有無にかかわらず自ずと将来の総裁候補としてちやほやされるようになっている。もし安倍が岸信介の孫でなかったら、一度どころか二度までも総理大臣になることができたとは到底考えられないだろう。

愛国心はならず者のかくれみの

かつて、日本はフランスなどと同様に、国家の育成したエリート、すなわち官僚（ないし官僚出身の政治家）が統治する国であった。フランスではこの特権的エリートを指して「政治階級」（classe politique）と呼ぶが、現在の日本にも特権的なエリート層としての「政治階級」が存在するのである。

それは、国家によって教育され訓練を施された統治エリート集団ではなく、ただ単に国家の財政負担によって養われつづけている、言い換えれば国家に文字通り巣食っている特権的な寄生階級にほかならないのだ。

現代日本の保守政治エリートの階級基盤は学歴や国家公務員試験でなく、たまたま権力者を父や祖父に持ったという出生の偶然によって、日本を統治する特権を享受していると言える。彼らにとって、国家権力は家族の世襲財産なので恐れたり警戒したりすべきものではなく、ましてや抑制や制約を加えるべきものだとは想起されない。

特定秘密保護法や立憲主義についての安倍の態度を見れば明らかなように、もはや当代の保守政治エリートは、国家権力の視点を離れて物事を見ることができないほどに、彼らの精神世界のなかで国権の私物化が貫徹してしまっている。

したがって、安倍ら保守政治エリートが掲げる「ナショナリズム」は、あくまでも彼らが私物化して捉えている国家権力とその威信の拡大であり、例えば安倍の靖国参拝によっていくら国益が損なわれてもお構いなしであるような、国民国家の実質とは無縁の観念的で独善的なものとなっている。

ここで思い出されるのは、サミュエル・ジョンソンの「愛国心は、ならず者の最後のかくれみの」("Patriotism is the last refuge of a scoundrel")という警句である。ジョンソンが看破したように、愛国心と呼ばれるものはしばしば自己利益の追求を隠すのに使われるわけだが、国民代表性に欠ける特権的な寄生階級である保守政治エリートたちのふりかざす「愛国心」は、社会契約を反古にして自らの階級利益を追求することのかくれみのとして機能していることを指摘せざるをえない。

国民統合のためのコストを嫌い、「ナショナリズム」を煽ることでそれに代替させることによって支配階級の地位を維持しようと狙う保守政治エリートたちは、生活保護予算額のわずか0・4%程度で推移しつづけている不正受給や違法でさえない受給ケースをことさらにあげつらい、「お国のお世話」になる者は国家の敵だと言わんばかりに生活保護バッシングのキャンペーンをはった。

そうして昨年末、高齢化、非正規雇用への転換、東日本大震災などを要因として貧困問題が蔓延するなか、生活保護費の切り下げを実施し、さらには扶養義務の強化などを盛り込んだ生活保護法の改悪を行なった。国民（nation）なき、空疎で便宜的な「ナショナリズム」

というほかない。

そういう意味では、「日本を、取り戻す」とナショナリズムを前面に出して政権復帰を果たした安倍自民党がただちに公約を破り、自らを含む日米のパワーエリートに「日本を、差し上げる」と国民生活を売り渡すような環太平洋戦略的経済連携協定（ＴＰＰ）妥結に向けて舵を切ったのは象徴的なことであった。

パワーエリートによって私物化される国民国家

このように国民国家の名を借りて、実際にはその空洞化を推し進める新右派連合における保守政治エリートと結託したグローバル企業エリートたちの動きにも注目する必要がある。

安倍第一次内閣当時の２００７年1月に、キヤノンの御手洗富士夫会長が率いる日本経団連は「希望の国、日本」というタイトルの政策提言を発表した。日本の将来ビジョンを展開したこの提言の中で、日本経団連は「新しい教育基本法の理念に基づき、日本の伝統や文化、歴史に関する教育を充実し、国を愛する心や国旗・国歌を大切に思う気持ちを育む。教育現場のみならず、官公庁や企業、スポーツイベントなど、社会のさまざまな場面で日常的に国旗を掲げ、国歌を斉唱し、これを尊重する心を確立する」ことを「今後5年間に重点的に講じるべき方策」の一つとして挙げたのである。

皮肉なことに、日本経団連会長の出身企業であるキヤノンは、当時から発行株式の過半を外国投資家が保有する「外資企業」で、しかも偽装請負問題を抱えていた。言うなれば日本国の労働法規を守らない多国籍企業の率いる経営者団体に、日本国民は「愛国」を説かれる事態に至っているわけである。

そもそも1991年の湾岸危機を契機として財界は、日本が自由に海外に自衛隊を派遣したり、制約なくアメリカ軍と共同作戦をとったりできるようにするための憲法改正の積極的な支持へと回った。斎藤貴男は、財界が憲法改正を支持する理由が、「自国の防衛」のためからグローバルな市場経済秩序を守るための「国際貢献」ないし「国際協力」へと変わっていったことを指摘している。グローバル企業エリートたちにとっても「ナショナリズム」は企業収益を確保、増大させるための便宜的な手段として用いられているのだ。

またさらに、先に触れたように、こうした新右派転換は日本だけではなく、世界的な規模で展開されており、とりわけアメリカやイギリスがこのプロセスを牽引してきているということが指摘できる。日本における新右派転換を担ってきた保守政治エリートとグローバル企業エリートたちの利害は、アメリカとりわけ共和党のパワーエリートたちの利害と高い適合性を示しており、これまでアメリカ政府関係者たちもまた、彼らが望む経済面と軍事面の双方の「改革」を日本の新右派連合が推し進めるための助けとして、日本における「健全なナショナリズム」の台頭を歓迎してきた。

しかし、いまや中国を挑発してナショナリズムを煽る手法は、尖閣諸島をめぐる緊張とあいまって、アメリカにとってもあまりに危険すぎるものとなってしまっている。小泉政権期までは、規制緩和や市場開放を進め、自衛隊により多くを肩代わりさせるための対価として、首相による靖国参拝を黙認してきたアメリカが、今回安倍の参拝に際して異例の「失望」表明を行なった背景には、共和党ではなく民主党政権であるという違いにかぎらず、より本質的なこうした変化があるのだ。

このように、日本の保守政治エリートとグローバル企業エリート、そしてアメリカのパワーエリートからなる太平洋を挟んだトランスナショナルなパワーエリートがその階級利益を追求するなかで、戦後日本の national state としての国民国家を下支えしてきた国民代表性と社会契約が葬り去られつつあり、それとともに、こうしてトランスパシフィック・パワーエリートにより乗っ取られ、私物化される国民国家そのものの形骸化には著しいものがある。

ここに来て、中国の軍事的脅威と経済的機会にどう対処するかなどをめぐって齟齬がでてきた日米パワーエリートだが、アメリカのパワーエリートや日本のグローバル企業エリートが安倍たちの首根っこをおさえることに成功するならば、日本はこのまま彼らによる帝国的支配の下に置かれることになり、国民国家としての実質を完全に失うことになるだろう。

もし逆に、安倍ら日本の保守政治エリートがアメリカのくびきを外すことに固執するならば、日本はちょうどアメリカにとって、中国にとっての北朝鮮のような位置づけに変化していくことになるものと予想される。そうした場合の「自主独立」日本の国民国家としての内実もまたちょうど北朝鮮並みの国民代表性と社会契約ということになり、やはりそれは国民国家の死骸というほかないものになると思われる。

「自由」と「連帯」に新しい命を吹き込む

こうした「上からの」国民国家の乗っ取りと侵蝕に対抗して、すでに世界各地では、国民代表性と社会契約の破壊に抗議する市民たちによる直接行動が盛んになっている。先に述べたアメリカのオキュパイ運動はそのもっとも有名なもののひとつにすぎない。経済・財政政策の失敗のツケを失業などのかたちで払わされることに抗議する多くの若者を含む市民たちによる同様の占拠運動は、スペインのマドリッドやポルトガルのリスボンなどにおいても2011年以降、ウォール街でのオキュパイ運動に先立って展開されていた。深刻な経済危機に見舞われたギリシャでもむろん同様である。

日本においても、東京電力福島第一原子力発電所事故以来、いわゆる原子力ムラによって乗っ取られたエネルギー政策に対する反対が高まり、脱原発を求める金曜官邸前抗議に象徴されるような公共空間における直接行動が新たな広がりを見せている。昨年末の特定秘密保護法の強行採決に対する国会前などでの抗議行動も、2012年6月以降の大飯原発再稼働をめぐるデモや官邸前抗議の規模と熱気を思い起こさせた。

公共空間での抵抗運動が成し遂げられることにはまだ限界があるが、「テロ行為」になぞらえたくなるほどに権力者たちを震撼させているのは事実である。柄谷行人が「デモをすることによって社会を変えることは、確実にできる。なぜなら、デモをすることによって、日本の社会は、人がデモをする社会に変わるからです」と述べたように、日本の社会はすでにこの3年で大きく変わってきているのだ。

今後、人びとが自らの手で国民国家を葬送することができるかは、「自由」と「連帯」という二つの古い概念に新しい命を吹き込むことができるかにかかっている。

まず「自由」だが、新右派連合をなす経済的自由主義と政治的反自由主義の双方に対抗するために、本来、自由概念が有していた豊かさを取り戻すことが必要である。このことには二つの側面がある。

一つめは、「経済的自由主義」や「新自由主義」と呼ばれる思想や政策がもたらす「自由」の実態を明らかにすることである。先に、新自由主義的政策とは実際には往々にして金融資本を中心とした企業利益の最優先化にすぎないことを指摘したが、新「自由」主義とは名ばかりで、ほとんどの場合、自由な市場や自由経済を作ることなどない。グローバル企業などの国家権力と癒着した企業が自由に、つまりほしいままに、寡占支配を行なうことを引き起こしているだけである場合が実に多いことを確認し、共有していくことが重要である。

これは例えば自由貿易と標榜されているＴＰＰが、現実には政治力の強いアメリカなどのグローバル企業の既得権益や優位性を保護したうえで、これらの企業が自由に弱い競争相手や消費者を食いものにするようなものであることにも表れている。

国内でも、労働市場の自由化すなわち規制撤廃は、通常、労働者の自由あるいは柔軟な「働き方」を可能にするというような宣伝がなされるが、現実には雇用者側にとって自由あるいは柔軟な「働かせ方」を労働者に強いるものとなっている。非正規雇用が拡大し賃金が低下をつづけるなかで、労働者側が「明日は都合がわるいから働かない」と言えるケースと、雇用者側が「明日からいらなくなったから働かないでいい」と言うケースのどちらが多いかは少し考えれば自明のことだろう。

適正に機能する自由市場が多くの富や福利をもたらす可能性を認めたうえで、自由主義経済の始祖と崇められるアダム・スミスが、自由市場を歪めるものとして企業（corporation）を強く警戒していたように、強大になりすぎた企業にはしばしば市場規律が働かず、それどころか政治的圧力を行使したり談合することによって利益の確保を図ったり、損失の補塡を納税者にさせたりする傾向があることを看過すべきでない。

本当の自由市場など存在しないことを熟知する「破綻させるには大きすぎる」（too big to fail）企業は、寡占を強めて市場を歪ませれば歪ませる分だけ、収益簒奪の機会が増え、また同時に、損失を蒙ったところで破綻する可能性が減じていくことをよく承知しているのである。

新自由主義は、本当に経済取引の自由をもたらしているのか、そして、それは誰の自由なのか、を問い直すことが必要である。

「新自由主義」から「自由」を解放するために

二つめは、経済取引の自由のみに偏った見方から自由を解放すること、すなわち新自由主義の偏狭さから自由主義を解放することである。別段、消費の自由の価値を否定する必要はないが、新自由主義者たちに自由の定義を独占される筋合いはそもそもない。思想良心の自由や言論の自由などが新右派連合の権威主義的な締めつけに脅かされているこんにち、市民的自由（civil liberties）を守りはぐくむ努力が欠かせない。

さらに、新自由主義はレッセ・フェール（laissez faire）すなわち自由放任経済を掲げるのだが、外部の制約や干渉からの自由、つまり消極的自由（negative freedom）ばかりではなく、自律や自己決定というような積極的自由（positive freedom）の価値を見直すべきだ。

もともと古典的な自由主義では、まさしく自由放任をもって自由とする考えが支配的だったが、19世紀後半から20世紀前半のイギリスにおいて「新しい自由主義」（New Liberalism）

が哲学者トーマス・ヒル・グリーンや社会学者レオナルド・ホブハウスらによって提唱された。彼らは、人間が本当に意味のあるかたちで自由であるには、衣食住や基礎教育などの社会的な基盤があることが前提で、そうしてはじめて人は人らしく自律し、自己決定をすることができると主張した。

スラムに生まれ育った貧困者を無知無学のまま放っておくことは空疎で形式的な自由にすぎず、政府が社会政策を実施し、人びとを貧困、無知、飢餓などから解放することで、市民すべてに人の名に値する積極的自由が勝ちとられるというのである。

社会自由主義（Social Liberalism）とも呼ばれるこうした自由主義の新展開は、ヨーロッパの他国やアメリカなどでも同時代的に起こり、勃興しはじめたばかりの労働運動や社会民主主義と連合を組み、やがて20世紀の半ばにかけて普通選挙や福祉国家の実現、社会権の確立などに大きく貢献していった。

国民国家の黄金期を築いたこの成功ゆえ、いまや通常アメリカや日本などで「リベラル」と言えば、積極的自由を奉じ、国家の経済や社会における役割を重視する立場を指し、反対にこれに対する反動として消極的自由と小さな政府を掲げる思想潮流を新自由主義（Neoliberalism）と呼ぶようになっているのだ。

いまや元祖「新しい自由主義」ないしは社会自由主義の反転攻勢によって、消極的自由に矮小化された自由概念に先人たちがかつて与えた広がりをふたたび持たせ、個人の真の自己決定や自律を可能にする公正な社会を再構築することが急務となっている。

国家なき政治は可能か?

次に、「連帯」(solidarity)だが、新右派連合が社会契約を破棄する埋め合わせとしてnation-stateとしての国民国家の神話に回帰し、過去にあったこともなければ現在ありもしない伝統や文化の「同一性」(identity)を押しつけてきていることに対抗するカギがここにある。

連帯とアイデンティティには、二つの重要な違いがある。

一つは、アイデンティティが文字通り同一性を前提とする集合原理であるのに対して、連帯は同一性を求めないということだ。それどころか、連帯が可能になるのは、そもそも個別性がある他者同士の間でのみである。言い換えれば、同一でない個々人たちが連帯をするのであって、連帯を基盤にする連合体には、同一性を前提とする集合体よりもはるかに豊かな多様性と可能性が潜んでいるのだ。

消費を邪魔されない自由のフェティシズムを共有する者たちの同一性がつくる幻想の共同体に代わって、それぞれに自分らしく生きたいと願う者たちが相互に個性を尊重しあう連帯の社会を築くことができるかがこんにち問われている。

二つめに、アイデンティティがつくりあげる集合体は、自ずと同一性と異質性の境界を生むことから、必ずや中心と周縁からなる同一性の輪郭を描くことになるのに対して、そもそも異なる他者たちからなる連帯のつながりはボーダーを知らない。まさにここに、連帯をベースに形成される人びとのネットワークが、国民国家を超越する可能性が秘められているのだ。

国民国家を人びとが自らの手で葬送する萌芽となるような連帯は、実はすでに脱原発の官邸前抗議や特定秘密保護法反対の国会前抗議など近年の世界各地での公共空間の占拠運動に立ち現れている。旧来の同一性にもとづく組織の動員ではない、多様な市民の自主的な参加が形成する新しい直接行動だからである。

しかし、同じポスト国民国家を窺うにしても、アメリカのパワーエリートや日本のグローバル企業エリートたちの階級アイデンティティを軸にした帝国的支配や、安倍ら保守政治エリートの国民アイデンティティを無理強いする世襲寡頭制（Oligarchy）が、かつて存在した政治経済体制の何らかの亜種への退行にすぎないのに対して、相互に異なる個人たちのボーダーなき連帯によって政治と呼ばれる共存と暴力の問題に対処しようとすることは、人類が未だかつて経験をしたことがない実験となるだろう。これは言い換えれば、国家（polis）なき政治（politics）は可能なのか、と問うことにほかならない。

しかし当面の課題は、確実な死へと向かいつつも、まだ残るその強大な権力のゆえに日米のパワーエリートたちによってていいように乗っ取られようとしている国民国家を看取るために、新右派連合にいかに対抗していくのかということである。

これはすなわち、現代に労働者とリベラルな中間層の連合を構築していくことができるか、ということにほかならない。先に触れたように、例えばイギリスで国民代表性と社会契約に基盤を置いた国民国家の黄金期を築いたのは、まさに社会自由主義と労働運動によるLib-Lab（Liberal-Labour）連合だった。

この連合による働きかけなくして、19世紀後半から20世紀前半の戦間期にかけての普通選挙の実現はありえず、また第二次世界大戦後の福祉国家とケインズ主義経済政策路線はありえなかったのである。強力な連合を前に、保守党も階級妥協に応じるほかなかったのだ。

グローバル化時代にこのような「自由社会連合」をつくることは容易なことではなく、イギリスにおいてでさえ成功したとは言えない。その最大の理由は、新自由主義の偏狭さから自由主義を解放することが未だなされていないからである。

繰り返しになるが、これは経済的自由や自由市場の価値をいっさい認めないというのではなく、新自由主義と呼ばれるものは実際には看板に偽りがあり、往々にして極めて空疎な自由しかもたらさず、むしろ世襲政治家や企業エリートの寡頭支配を推し進める反自由主義を呼び込むものであることを、リベラルな中間層や知識人が幅広く共有することが必要なのだ。より豊かな「自由」概念の再生として、先に述べたことである。

リベラルの新自由主義との訣別に加えて、日本に自由社会連合を構築するためのもうひとつの大きな課題は、左派政党や労働組合など社会団体の側にもある。これは、「連帯」概念の再発見にかかわるものである。同一性を求めるのではなく、多様性のなかの相互尊重と役割分担を受け入れ、教条主義的、排他的な組織文化の残滓と訣別しなくてはならない。

もともと国家保守主義の伝統の下、自由主義が脆弱な近代日本では、社会主義や労働運動がともに上意下達的な組織論理にもとづくナショナリズムとマルクス主義の股割きにあうような傾向が顕著で、社会民主主義の発達が遅れてきた。こんにちの社会で、個人の自由や多様性を歓迎することができないのだとしたら、それは政治的な影響力を志向する運動として致命的な欠陥と言わざるをえない。

２０１４年2月の東京都知事選において、宇都宮健児候補も細川護熙候補も、ともに舛添要一候補に対してダブルスコア以上の惨敗に終わったことからどのような教訓を学ぶことができるかが今問われている。それは拙速どころか荒唐無稽な「一本化」とはまったく異なる、自由と連帯にもとづく自由社会連合を今後つくっていけるかということである。

国民国家の葬式を誰が出すのかが、それによって決せられるのだ。

オレ様化する権力者とアノニマスな消費者

平川克美

平川克美（ひらかわ・かつみ）

1950年東京都生まれ。株式会社リナックスカフェ代表取締役。声と語りのダウンロードサイト「ラジオデイズ」代表。立教大学MBA特任教授。文筆家。早稲田大学理工学部機械工学科卒業後、翻訳を主業務とするアーバン・トランスレーションを設立。99年シリコンバレーのBusiness Cafe Inc. の設立に参加。著書に『経済成長という病』（講談社現代新書）、『移行期的混乱――経済成長神話の終わり』（ちくま文庫）、『小商いのすすめ』（ミシマ社）、『俺に似たひと』（医学書院）、『移行期的乱世の思考』（PHP研究所）、『株式会社という病』（文春文庫）などがある。

自我肥大化するニッポン

「俺は偉い、俺は正しい、俺をもっと尊敬しろ」

自己評価と、客観的な評価がかけ離れていることに、気がつかないというのは、自我肥大化した人間の滑稽さであり、悲しさですが、最近の日本を見ていると、なんだか最大限虚勢をはって、その分だけ孤立感を深めている自我肥大化したこどもを見るような思いがします。これはかなり厄介な病です。

本年（2014年）2月12日の衆院予算委員会における国会答弁において、民主党の大串博志議員は、憲法の解釈改憲に関して、繰り返し内閣法制局の見解を求めました。

安倍総理大臣が、集団的自衛権の行使容認は「憲法解釈の変更で可能だ。憲法改正が必要だという指摘は必ずしもあたらない」と述べたことに関して、法令の解釈を任務としている内閣法制局のこれまでの見解を確認するという意図がありました。

憲法のような国家の立ち位置を示す規範的な法の場合、歴代の内閣がその解釈において、一貫性を有しているということは重要なことです。

内閣が代わる度に、憲法解釈が変更されるようであれば、国民はその度に国家ヴィジョンを変更しなくてはならないでしょうし、条約の締結や、外交交渉の場においても、憲法解釈の連続性が失われるのであれば、そもそもの信頼が失われてしまいます。

「あ、憲法の解釈が変わりましたので」では、長期的な国際関係を築けない。だから、民主党議員は歴代の内閣がどういう見解を継続してきたのかを内閣法制局に問いただしたわけです。

内閣法制局長（このときは次長でしたけど）の個人的見解を聞きたかったわけではないでしょう。

安倍総理は、自分に見解を求めようとしない大串議員のやり方にいらだっているようでした。

自分に発言の機会が与えられないので、総理は自ら発言を求めて、「私が責任者であって、政府の答弁に対しても私が責任を持って、そのうえにおいて私たちは選挙において国民から審判を受けるんです。審判を受けるのは法制局長官ではない。私なんですよ」と述べました。

憲法の解釈改憲について、総理大臣が立憲主義をないがしろにしたような見解を述べたことにわたしは驚きましたが、それ以上に安倍氏の尊大な態度を見ていて、なるほど安倍氏の解釈改憲可能の根拠はこんなところにあるのかと、再認識させられたわけです。

かれにとっては、選挙の結果が葵の御紋のように絶対的な根拠であり、これによって全権委任を受けたと考えているようです。

大阪の橋下徹市長もよく同じ趣旨の発言をしますが、選挙の結果は期間限定の国民の代行者として信任されたことを意味しているのであって、任期をまたぐような歴史的な問題に関してまで全権を与えられているわけではありません。

また、後日自民党の代議士からも批判を受けましたが、一連の国会答弁のときに、安倍晋三というひとの思考の型を知るうえで重要なことがあったのですが、メディアは報道することはありませんでした。

公式発言の直前に、安倍総理は周囲に聞こえるように、苦笑いしながらこんなことを呟いたのです。

「法制局長官の方が総理大臣より偉いのか」

この部分は中継されておりましたので、聴かれた方も多いのではないでしょうか。なんだか、こどもっぽい言い方で、わたしは思わず笑ってしまいましたが、案外このあたりに、現在の安倍政権の脆弱性があるのかもしれません。

二代目のオーナー社長が言いそうな台詞です。

安倍総理大臣にとっては、自分が会社の社長であって、法制局長官はその部下で、そこには明確な上下関係が存在しています。自分が一番偉いわけです。

しかし、これはどちらが偉いかということではなく、複数の内閣をまたいで存立する法律解釈の一貫性を担保するために、内閣法制局は専門家として内閣を補佐し、助言する任にあたっているわけです。

総理大臣の命令一下、法制局が法律解釈を変更するというのでは、法制局は単なる総理の使いっぱしりであり、情宣部門でしかありません。

ここが、株式会社における、たとえば総務部長と社長の関係とは異なる点です。

そういう違いに対する認識が、安倍晋三というひとには希薄で、ただ上下関係というシンプルな関係にすべてを還元してしまう傾向があります。

人間の思考には、生まれ育った環境や、成長の過程で受けた影響によって、どうしてもひとつの傾向が生まれるものです。

それは、公式な発言をしているときにはほとんど表面化してこないのですが、感情的になったり、無意識に何かを呟いたりするときに表面に浮き上がってきます。

わたしは、このときの呟きに、安倍晋三という政治家の特徴がよくあらわれているように思います。

こういった傾向は、多かれ少なかれ誰にでもあるのであって、誰にとっても自分に対する客観的な評価を持つことは難しいものです。

誰にでも、主観的な自画像と客観的なそれがずれているのは、むしろ自然なことです。

ですから、わたしは安倍総理大臣のこういった傾向をあげつらいたいわけではないのです。

しかし、憲法の解釈について、国会で総理大臣として発言しなければならないような場においては、自らの立ち位置についての客観的な認識が求められてしかるべきです。

議院内閣制における総理大臣の権能と限界について、法律が定めている事項をわきまえ、個人の感情を排する必要があるのです。

内閣法制局長官と、総理大臣ではその役割が異なっているとは言えても、そのどちらが偉いかなどということはおよそ頓珍漢な認識です。しかし、安倍総理は自分の方が偉いのだ。何故、偉い自分ではなく、格下の法制局の役人に憲法解釈の見解を求めるのだと言っているように思えます。

総理大臣に選ばれたということは、かれが偉いから選ばれたわけではなく、かれが総理大臣に選ばれた結果、法律が定めている権能が付与されているということに過ぎません。

この順序を間違えると、平民は君主に従うべきものであるというような人間観が生まれてしまいます。

総理大臣の権能は、法律に明記されていますが、そこには偉い、偉くないというような価値判断はどこにも含まれてはいません。

このときの、安倍総理大臣の呟きには、まさに冒頭の「俺は偉い、俺をもっと尊敬しろ」という自我肥大化現象が起きていると言わざるをえません。

このところの政治家の発言や、あるいは先日問題になったＮＨＫ会長の発言などを聞いていると、責任のある立場にある人間の自我肥大化現象は、ひとり安倍晋三氏に限ったことではないように思えます。

問題なのは、この自我肥大化現象が、国民の自尊感情と結びついて、集団的な排外主義や、妄想的な自己正当化へと拡大してゆくことなのです。

老齢化日本のオリンピック

かつて、わたしは『株式会社という病』とか『経済成長という病』という本を書いてきましたけれど、この頃はつくづく『日本という病』現象が起きていると、気鬱になります。

病の症状は、様々な場面に現れますが、オリンピック東京招致のプレゼン風景や、特定秘密保護法案の国会強行採決の光景、中韓だけではなく各国から批判を浴びた総理大臣の靖国参拝をめぐる議論などなど、数え上げればきりがないのですが、それらはみんなひとつながりの病の症状の顕現だと思っています。

この一連の出来事は、政治的に見ればナショナリズムの発現であり、歴史修正主義的なイデオロギーの顕在化だといえるのでしょうが、わたしにはイデオロギー以前の、日本人の今日的現実に対する耐性の喪失、そこから来るフラストレーションが、戦前的価値観を再現するような政治イデオロギーや、お金儲け主義に形を変えて出てきているように思えてしまいます。

ひとことでいえば、それは「俺をもっと尊敬しろ」と言い張る、肥大化した自我とでも言うべきもので、台頭する中国に対しても、その経済力や政治的パワーを冷静に分析する以前に、世界の注目が日本を差し置いて中国に向かっていることに対する怨嗟《おんさ》が先行してしまっているように思えるのです。

自画像が、客観的な事実と乖離していること、現実を直視して等身大の自分を見ることができずにいるのが現在の日本の「病」だと思うのです。

わたしが「病」という言葉で表現しているのは、全体としては付随的な小さな出来事をことさらに拡大してしまう妄想的な事大主義や、等身大の自分よりはあるべき理想を現実と取り違えて方向を誤ってしまう理想主義のことであり、何よりも健康な姿とは何かということに対する明確なヴィジョンを失って、根拠の薄い自尊感情に流されていくことなのです。

ひとりの社会人の心の持ちようということだけではなく、一国の政治においても、経済においても、根拠なき自尊感情に同調してゆくことではなくて、客観的な自画像というものを描き出して、そのうえで行動の指針を立てるというのは易しいことではありません。

これから先の日本はどうなるのかというのが、この本のテーマだと思いますので、まずは具体的な事実関係を見ていきたいと思います。これから先と言っても、100年後の日本がどうなっているのかについては、誰もそれを言い当てることはできないでしょうし、そもそも国民国家というシステム自体が、あと100年持つかどうかわかりません。さしあたっては東京オリンピックが行われる2020年に焦点を当てて考えてみましょう。

２０１４年1月13日の成人の日は、よく晴れましたが大変寒い休日となりました。その日成人を迎えたのは１２１万人で過去最低（総務省統計局の発表）となりました。ちなみに10年前の２００４年の新成人は１５２万人でしたので、30万人も少なくなっています。一番多かったのはベビーブームの子どもたちが成人になった１９７０年で、新成人は２４６万人もおりましたので、ほぼ半減ということになります。このまま新成人の人口は減り続け、２０２０年にはさらに10万人程度少なくなることが確実らしいのです。

将来予想なので、細かい数値を追ってもしょうがないのですが、とにかくすごい勢いで人口が減っているということだけは確かです。

ところで、日本から若者が減っているという事実は、誰でも知っていることですが、何故若者が減っているのかについては、多くのひとが誤解をしているとしか思えません。

政府も、評論家も、メディアも、それは日本が経済成長できず、若者が将来に対して不安を持っているのだと結論づけようとしています。

わたしは、この考え方は本末が転倒していると思うのですが、それについて論じるまえに、もうひとつの日本に顕著な状況について考えてみましょう。

新成人が誕生したこの休日、わたしは久しぶりに昼風呂を浴びようと東急御嶽山駅前の銭湯に向かいました。日ごろから銭湯愛好家なのでよく行くのですが、この日はちょっと驚いたことがありました。

　この銭湯は午後3時5分に開きます。

　わたしが3時に銭湯の前に行ったとき、すでに十数名の人たちが並んでいました。おどろいたのは、そのすべてが後期高齢者だったことです。

　日本が高齢化しているということに関しては、様々なデータが出ていますし、メディアでもいろいろ報道されていますが、実際に銭湯に並ぶ老人たちを目の当たりにすると、いやぁ、すごいことになっているねと実感してしまいます。

　ビジネスマンは、平日の午前中に商店街を歩くなんてことはあまりないでしょうが、実際に歩いてみると、最近ではデイケアサービスの小型車が商店街のあちこちに走っていますし、老人たちも喫茶店などにたむろしている光景に出合います。

　何年か後には、どこの商店街も巣鴨商店街のような光景になっている、いやもうすでにそうなっているわけです。

　少子高齢化している日本。

　その理由としては、人口動態学の見地から、民主化の進展や女性の地位の向上によって伝統的な家族形態が壊れ、結婚年齢が上昇したために少子化に向かうとの説があります。

　それは、仮説のひとつに過ぎませんが、将来に対する不安によって少子化が進展しているという考え方は、日本において過去に将来の不安が増大する時代がいくらもあったにもかかわらず、人口は増え続けたという事実が反証となるでしょう。

いずれにせよ、２００５年あたりより、日本の人口はドラスティックに減少しはじめています。

それはまぎれもない事実であり、戦後70年の近代化、経済発展の結果であるととらえるべきでしょう。

それを由々しきこととアナウンスする人々がいます。

しかし、お年寄りが溢れている風景は結構、味のある、長寿国のそれであって、寿ぐべきことであっても、慨嘆することではないはずです。

ですから、わたしは少子高齢化して、生産力が鈍化し、経済成長できなくなっている状態の日本を、病だと言っているわけではありません。

成熟国家になっている日本の現実に対して、現実的な対応をしていかなければならないにもかかわらず、経済成長をほとんど唯一の目標に掲げて、無理やりに経済成長を作り出そうとすることに固執していることを病だと言っているのです。

２０２０年は、東京でオリンピックが開催される予定になっています。

この年までに、東京はどのように変貌していくのでしょうか。

巨大なスタジアムができ、高速道路は整備され、お台場にはカジノが出現し、超近代的なホテルが立ち並んでいるのでしょうか。金融機関はグローバル対応で、ドルもユーロも人民元も自由にATMで円に換金されるようになり、世界中のビジネスマンが特区になった東京を闊歩しているのでしょうか。

そのとき、消費税はどのくらいになっているのでしょうか、10％でしょうか、15％でしょうか。

舛添新都知事が言っているように、世界一アクティブで、世界一安全で、世界一企業が活動しやすい都市東京とは、いったい誰のための都市なのでしょうか。

由々しきは格差の拡大

この数年間という短い期間に、東京は大きく変貌することになるでしょう。

そのとき東京で働く非正規労働者の賃金は、現在よりもすこしはましなものになっているのでしょうか。

地方から東京へ出てきて働いている若者たちは、高い家賃を払い続けて頑張っているのでしょうか。それとも、東京での生活をあきらめて、実家のある地方の町に戻っているのでしょうか。

実際のところ、わたしの知っている若者の何人かが、東京ではもう生活ができないという理由から、実家のある町にUターン帰省していきました。

国立社会保障・人口問題研究所の推計によれば、2020年、総人口に占める65歳以上の比率（高齢化率）は29・1％にまで達しています。これは驚くべき数字で、二十歳以上の成人だけで見るならば、その半分は老人だということを意味しています。

町の商店街や公園には、たくさんの老人があふれているでしょう。

病院のベッドはいつも、寝たきりの老人で一杯になっており、救急車を呼んでも受け入れてくれる病院がありません。

このことは、多くの家庭で在宅介護が行われることになるということを意味しているのでしょうか。それとも、行き場を失った老人は、独居老人となって不安な日々を送ることになるのでしょうか。

大手町、渋谷、新宿といった都市中心部と、周縁の町では流れる時間が異なり、人々の年齢が異なり、価値観が異なって、東京自体が二極分解していく様子が目に見えるようです。

1％の超富裕層と、99％の貧困層ということが話題になっていますが、ニューヨークや上海と同じように、東京も中間層が貧困化し、貧富格差が最大化した都市になっているでしょう（いや、すでにもう格差の拡大は座視できないところまできているようです）。

そして、その先に何があるのか。

あまり楽しそうな未来はないように思えます。

これからも日本が経済成長を続けて、世界のビジネスの最前線で活躍をし続けなければ、ギリシアやスペインのように没落した国家になってしまうという強迫観念に縛り付けられている人が思いのほか多いのも事実です。

アベノミクスに多くのひとたちが期待を寄せ、新聞やテレビが報じる株価情報に一喜一憂しているようですが、その多くは株を買っていない中間層や、貧困層です。

わたしが、中小企業を取材して確認したことは、アベノミクスは生活を楽にするための具体的な効果を発揮しているわけではないということです。

一体、大量に刷り増された日本銀行券は、どこに行ったのでしょうか。

それらは、国債と交換されて、政府に還流し、オリンピックに向けた公共投資に振り向けられるのでしょうか。あるいは、大企業に貸し出されて積極的な設備投資や、海外投資に向けられたのでしょうか。

一部の企業でボーナスが上がったとか、昇給があったと報道されていますが、ほとんどの企業、つまり中小・零細企業は、相変わらず苦しい経営を続けています。

経済成長は、たしかに多くの社会的な問題を解決してきました。

しかし、国家の発展段階の結果として経済成長しないフェーズに入っているとすれば、そのための方策を考える必要があるのですが、政府はいまも、経済成長優先の施策を行っています。

日本は、経済成長しなければ、ほんとうにギリシアやポルトガルのように「没落」していくのでしょうか。企業は倒産し、路上には略奪者が跋扈するような寒々とした日本になってしまうのでしょうか。

確かにEUのいくつかの国は国家財政の危機にあるかもしれません。人々は仕事にありつけず、国際的な経済・政治への影響力も失っています。これらの国々が日本のお手本にならないことは確かでしょうが、かといって経済的な停滞が、破滅を意味しているのではないことは知っておくべきでしょう。

むしろ、デトロイト市の例が示すように、裕福であるはずのアメリカの都市が、激しい荒廃に晒されていることに注目すべきです。人口10万人当たりの自殺率ランキングというのがあって、日本は年間21・7人で12位であり、経済的には破綻しているといわれているポルトガルの11・5人（44位）、ギリシアの3・5人（90位）より高い数字になっています。アメリカの自殺率も、経済破綻しているはずのギリシアよりも高いのです。

もちろん自殺者の数は、国民経済との間に相関があるとは言えませんが、経済的に順調だと見られ、通貨も安定しており、株価も高い日本において、何らかの理由で死にたくなる人の数が、思いのほか多いのが事実です。中国、ロシア、韓国といった国々は日本よりもさらに自殺者が多いのですが。

では、失業率はどうでしょうか。

失業率というのは、実のところあまりあてにならない数字ではあるのですが（というのは、失業者をどのように定義するかによって変わってしまうからです）、２０１３年のＩＭＦの発表によれば、スペイン、ギリシア、ポルトガルは高く15％から25％台になっています。

日本は４％台ですので、世界でも就業率の最も高い国のひとつです。

一人あたりのＧＤＰを見てみると、上位は石油産出国のカタールをのぞけば、ほとんどはヨーロッパの小国で、ルクセンブルク、ノルウェー、スイス、オーストラリア、デンマーク、スウェーデン、カナダと続きます。日本も12位ですので、世界の平均に比べればかなり高いほうなのです。

日本は、世界の他の国々との比較でいえば裕福であり、就業率も高いのです。

にもかかわらず、自殺者が多い。

では、何故日本や韓国の自殺率は高いのでしょうか。

注目すべきは相対貧困率です。

ＯＥＣＤが２００５年に発表した世界の格差ランキングでは、日本は先進国の中ではアメリカに次いで２位で、ギリシアやポルトガルよりも酷い格差社会になっているとされています。

格差が大きいことが、失業率やＧＤＰ以上に、人々を絶望的にさせたり、落胆させたりするのは、経験的にも理解することができます。
同じOECDの2011年の発表によれば、先進国中の最低賃金相対比較（中央値に対する%）では、日本は最下位、次がアメリカ、そして韓国となっており、いつのまにか世界の先進国でもっとも格差が激しい国になっているのです（OECD Economic Policy Reforms 2011）。

高齢化する日本が、もしこれまで以上の経済成長を求めるとすれば、どういう政策をとることになるのでしょうか。おそらくは、効率のよいところに資源を集中することになります。大企業がより多くの利益を出せるように税制優遇や規制緩和を進め、効率の悪い中小零細企業や産業は淘汰されていくことになります。

そして、大企業が中小企業を買収したり、零細企業が倒産したりして、垂直統合が加速されるでしょう。これは、80年代以降のアメリカにおいて実際に起きたことです。今や世界一の売上規模を誇るウォルマートが進出した地域では、ウォルマートが原因で一カウンティあたり約7世帯、全米では約2万世帯が貧困に陥りました（ペンシルバニア州立大学教授のスチーブン・ゴーツらの調査）。ミズーリ大学経済学部准教授であるエメック・バスカーが報告したように、ウォルマートが新規出店してから五年以内に四つの小規模ビジネスが姿を消しました。[*1]

同じようなことが、日本でも起きるのでしょうか。

ＴＰＰによって、グローバルな大規模事業体が参入してくれば、さらに垂直統合が進むでしょう。

２０２０年に向けて、いまのまま経済成長を追って無理な合理化を進めて行けば、さらに格差が拡大してゆくことになるのは間違いないだろうと思います。

実際、この10年、格差は拡大し続けているのです。

アメリカの80年代以降の歴史は、この貧富格差拡大モデルの実例であり、日本は同じ道を歩もうとしているように見えます。

商店街は定常モデル

すこし、目を転じてみましょう。

わたしは、この春に商店街の一角に小さな喫茶店を開店したのですが、その開店にあたって、近隣の商店街をあちこち歩いてみました。

＊1 『ウォルマートに呑みこまれる世界』チャールズ・フィッシュマン、中野雅司監訳、三本木亮訳、ダイヤモンド社、２００７年、２４０～２４１頁

わたしの喫茶店のある場所は、池上線と大井町線が交わるあたりで、旗の台、戸越銀座《とごしぎんざ》、荏原中延《えばらなかのぶ》、荏原町といった駅からは商店街が複雑な網の目を構成しているところです。

メモ帳を手に、賑わいのある商店街にあるもの、寂れた商店街から消えてしまったものなどを記録しながら歩いてみたのですが、思わぬ発見がありました。

その日、わたしは六つの商店街を歩いたのですが、大きく分類すると、

(1)大変賑わっていて、活気のあるところ（名物商店街型）
(2)ほどほどの賑わいで、しっかりと地元民の生活に定着しているところ（生活圏型）
(3)半分以上の店のシャッターが下りており、人通りもまばらなところ（壊滅型）

この三つにパターン化されます。

たとえば、戸越銀座や武蔵小山の商店街は(1)の名物商店街型で、朝から晩まで人波の絶えることはなく、全国的にもよく知られている成功事例としての商店街です。

荏原町、荏原中延、中延、戸越公園といった商店街は、駅から住宅街に延びている落ち着いた商店街で、地元民が生活のインフラとして使っているような生活圏型商店街。

それらの商店街に隣接しているのですが、ひとつだけ7割方シャッターが下りている壊滅型の商店街がありました。

この商店街は、十数年前には今よりはずっと賑わっており、距離も他のどの商店街よりも長い立派なものだったのです。

一体、何が商店街の盛衰を分けたのでしょうか。

わたしは、当初は大型スーパーが進出して、価格競争で敗れた小規模商店が廃業していった結果ではないかと考えていました。

もちろん、そういった側面があることは否定できないと思いますが、わたしが歩いて確かめた限りでは、シャッターが下りている壊滅型の商店街には大規模ショッピングモールもなければ、際立った大型スーパーもないのです。

大きな違いは、壊滅型の商店街の中には、マンションがあちこちに建っているということでした。

このことは何を意味しているのでしょうか。

幾つかの理由が考えられます。

ひとつは、事業継承がうまくいかずに、店舗を閉めて開発業者に土地の権利を売却したということ。あるいは、等価交換方式のような形で、マンションの一階に新店舗として開業したのかもしれません。銭湯などには、このケースがあるようです。

マンションの開発は、おそらくは土地バブルのころから始まったのでしょうが、それが商店街の活気を殺ぐ結果になっているのは皮肉なことです。

実は、わたしが注目したのは、こういった目にしやすいこととはすこし別なところです。生活圏型の商店街にあって、壊滅型の商店街から消えたものを調べてみたのですが、それは意外なものでした。ひとつは、団子屋（甘味屋）です。そしてもうひとつは、お茶屋。壊滅型とは反対に生活圏型の商店街にも、名物商店街にも、団子屋と、お茶屋が複数健在なのです。

そういう目で、一度商店街を歩いていただければ、この差は歴然としています。

このことが意味しているのは、活気のある商店街の周辺には高齢者が健在であるということではないだろうかと考えました。

原因と結果を取り違えてはいけないのですが、団子屋とかお茶屋があるから商店街が活気づいているということではないでしょう。商店街が生きているからこそ、これらの小商いがやっていけているということです。

商店街の経済というものをもう一度考えてみる必要がありそうです。

通常は、ビジネスで儲かれば、多角化に乗り出し、業容を拡大してゆくのでしょうが、商店街で繁盛しているお店は、一向にチェーン展開したり、多角化に乗り出したりしようとしません。

祖父の代から受け継いだ店舗を守りながら、周辺住民に贔屓にされ、顧客を大事にしながら老舗の看板を守る。

繁盛している商店があれば、客が集まり、その客をあてにして、その隣に最小限の収入でも定常的な収入を確保しながら、続けていける店というものがある。

これを見ていると、つくづく商店街というのは、定常経済が基本なのだと思います。

定常モデルとは、成長しないモデルです。

成長はしないが、そのメンバーがそれぞれの場所に棲み分けながら、社会全体が持続してゆくことを優先します。

共生のための様々な取り決め、暗黙の了解、共同体を守るための互助的な制度があって、地域の人々が持続的に生活していける場を育成していくことが重視されているわけです。

人口が減少し、老齢化している日本は、世界に先駆けて定常モデルの可能性を探るべきだろうと思うのですが、成長モデルの中で生まれたすべてのシステムはこの流れを受け入れることができません。とりわけ、利益の配当を期待する株主から資本を集める、株式会社というシステム（株式公開会社）は、定常モデルでは成立が困難なのです。

幻想のアベノミクス

話を最初に戻しましょう。

国家が正気を失って、多数の国民を犠牲にするということがありうることは、歴史のなかに幾度か事例を見ることができます。

たとえば、多数の不要な犠牲者を出したノモンハン事件はそのひとつです。

ノモンハン事件での日本軍の死傷率は75％に上りました。通常の戦闘において、これほどの死傷を出してまで戦い続けるということはないといいます。軍の30％が傷つけば、もうこれ以上は闘えないということで戦争終了の交渉に入るわけです。しかし、ノモンハンの日本軍は、世界の戦史のなかでも例がないような絶望的な戦いを続けました。

それ以後の日中戦争、太平洋戦争も、このノモンハン事件からのひと続きの、正気を失った国家の異常な行動の結果でした。

昭和という時代を振り返って司馬遼太郎は、国家が正気を失うメカニズムを平易な言葉で述べています。

「当時、参謀本部という異様なものがありました。いつのまにか国家のなかの国家になりました。国家中枢のなかの中枢になりました」[*2]

国家の中に国家ができるということ。つまり、意思決定が密室で行われていたわけです。

二重権力のように見えますが、正確には民主的な正当性を持たない権力だというべきです。密室なので、議論の多様性は最初から失われ、密室の外部において客観的な情勢分析がなされたとしても、非論理的な神国論や、根性論が幅を利かせる場においては検討されることもなかったわけです。

今の日本の政治状況や、内閣周辺の空気が、第二次世界大戦の前のそれに似てきている？　そう思う人はあまり多くはないかもしれませんが、わたしは政治状況だけを見ていればかなり似た状態にあるのではと思います。

ですから、心配はしているのですが、かといって、戦争に突き進んだ戦前の状況がすぐにでも再現されるというのも妄想的だろうと思います。

わたしが心配しているのは、安倍晋三というひとの周囲には、どうやら同質的な人間ばかりが集まってきているということで、これが将来のリスクに対する耐性を失わせる可能性があるということです。

この同質性が何を意味するのかについては、注視していく必要がありそうです。

ＮＨＫの経営会議や、教育再生実行会議、国家戦略特別区諮問会議のメンバーの顔触れを見ていると、同じような思想の持ち主ばかりが集まっているようで、こういった場所で反対意見を言えば、袋叩きにあうような雰囲気を感じます。

しかし、民主主義が機能するためには、異論が自由に発言され、反対意見が尊重される「場」が確保されていることが重要です。

現在のＮＨＫの経営会議の顔触れを見ていると、現場のプロデューサーが、たとえば領土

＊2　『「昭和」という国家』司馬遼太郎、ＮＨＫブックス、１９９９年、13頁

問題で角を突き合わしている中国、韓国と日本との関係についての番組をつくろうとしたときに、経営会議の意向を忖度してしまうという可能性を排除できないように思えます。

そんなことはない、経営会議はあくまでも、経営に関するアドバイザリーボードなのであって、個々人の政治的信条が現場に圧力をかけることはありえないといわれるかもしれません。確かに、論理的にはその通りなのでしょうが、現実的にはこのようなケースで現場が上層部の意向に配慮して委縮するということはよくあることです。

最近のこととしては、NHKラジオ第1放送の番組に出演予定だった東洋大の教授が「原発事故のリスクをゼロにできるのは原発を止めること」などと話す意向を事前に伝えたところ、担当ディレクターから「東京都知事選の期間中はやめてほしい」と難色を示され、テーマの変更を求められていたが、この教授はそれを受け入れず番組を降りたという報道がありました。

フリーキャスターのピーター・バラカンさんも、DJを担当するFMラジオ番組「Barakan Morning」の中で、「まだ告示もされていないのに、都知事選が終わるまで原発に触れないよう、二つの放送局で言われました」と打ち明けました。

どちらも、都知事選の公平性を保つための圧力だとされているようですが、実際のところ都知事選と放送の内容はまったく無関係のはずです。むしろ、こういった放送をしないということで、都知事選の争点をぼかそうという意図の方が強いと感じられるでしょう。

このような中間管理職の忖度、過剰な自主規制、金棒引き的な行動は、報道機関の中だけにあるわけではありません。

日本全体に、こういった雰囲気が広がりつつあるように思えます。

たとえば、2012年3月の卒業式で、大阪の泉高校の校長が教頭らに指示し、約60人の教職員が国歌斉唱の際に起立し、かつ斉唱しているかを確認する「口元チェック」を行ったのは記憶に新しいと思います。

この校長は、橋下大阪市長と早稲田大学で同級生だったそうですが、橋下市長の打ち出した民間人校長採用に応募して、全国最年少で校長になったというひとです。

その人柄に関してはよくはわかりませんが、経歴を見てみると米国のロースクールに学んで弁護士資格をとり、米国の法律事務所で働いていたということで、一般的には若手のバリバリのやり手弁護士ということになるのでしょう。

このときのかれのやり方に関しては賛否両論あったようですが、このひとは、いつの間にか大阪府の教育委員会教育長になっていたんですね。

わたしは、こういった空気が社会全体に瀰漫《びまん》してきていることに、危機感を持っています。

やっかいな性格や、思想の持ち主、あるいは無能な政治家が政治の世界のトップにたつということは、現在の選挙制度のなかでは十分にありうることです。

民主主義は、そういうことを許す制度であるからです。

民主主義のこのような脆弱性は、民主主義の長所と表裏一体のものであることは、これまでも様々に指摘されてきたことです。

もし、神が選んだというような優秀な人間だけが、永続的に政治権力を握るべきであるというような考え方を制度化しようとすれば、神が悪魔のような人間を選んだ場合には取り返しのつかないことになります。

民主的な制度によって選出された政治家は、間違えて選ばれてしまったとしても、妄言や暴言、あるいはスキャンダルといったものによって失脚したり、国際関係や経済の不調によって国民の支持を欠き、次の選挙で落選することになります。政治家は続けられるとしても、選挙による審判が反映されて枢要な役職からは引きずり下ろされます。

政治家の権力もまた期限があるということを、政治家自身が知っておくべきです。

憲法のような、政治家よりもはるかに長い永続性を持った規範を、期間限定の時の閣僚が、国会での議論を経ずに、勝手にその解釈を変更することは許されないのは当然なのです。

教育や医療や宗教といった分野に、政治家が手を突っ込んで制度を変えるというようなことにも、政治家の持ち時間と、これらの制度の持ち時間は全く違うということに意識的であるべきです。

このことは、教育改革や医療改革をしてはいけないということを意味しているわけではありませんが、たとえば短期的な経済効果というようなことだけを念頭に、教育改革や医療改革をすれば、現場が混乱するのみならず、短期的な利益のために、教育や医療のなかに蓄積された普遍的な価値を捻じ曲げる結果になる恐れがあるということです。

民主主義が生み出す障害について、細部を見ればその例はきりがないほどですが、それでも、わたしは、民主主義が機能している限り、あまり変なことは起きないだろうと思っています。

もし、民主主義が決定的に毀損されるとすれば、それは民主主義によって選ばれた無能な政治家によるのではなく、民主主義をささえている「民」が変質して、思考停止の状態に陥ってしまったときだろうと思います。

国民が民主主義を放棄して、強い意思決定のできる独裁的な指導者に、全権を委ねてしまうことです。

あるいは、国民が民主主義的な手続きに飽きて、政治から背を向け、社会性や共同性に無関心になり、個人の利をひたすら追求するタイプの個人主義に埋没していくことです。

現在の安倍政権において、不思議なことがあるとすれば、原発や憲法に関してアンケートをとると、安倍政権が進めようとしている方向に反対を表明する人が多いのに、安倍内閣を支持するひとは、それとはうらはらで過半数を超えているということです。

政治が、政策の選択だとすれば、個々の政策に対しては反対だけれども、それを行おうとしている政治家に対しては支持するというのは奇妙なことです。

しかし、現実には安倍晋三を支持しているひとは多い。

これは、前政権である民主党のときの失政に対する失望感が高く、それよりはまあ、安倍政権の方がましであると考えているのかもしれません。

安倍晋三ではだめだという場合でも、代わりうる人が見出せないということもあるでしょう。

わたしは、安倍政権が高支持率である最大の理由は、過大に装飾された経済政策であり、そのプロパガンダによるものだと考えています。安倍総理大臣の掲げるアベノミクスというものに対する幻想が、今の安倍内閣支持率を支えているのです。

ネトウヨといわれる極端な思想の持ち主が安倍晋三を支持しているようですが、その数は少数であるでしょう。

実際のところは、普通に生活し、穏健な生活を送っている多くの人々が、安倍内閣を支持していると見るべきです。

いっとき、「ねじれの解消」だとか、「決められる政治」という言葉が盛んに使われましたが、かれらは、安倍政治は、まさに決められる政治を主導するものであるというイメージを持っているわけです。

効率化、合理化が、日本の経済を上昇させ、その恩恵が自分の生活に跳ね返ってくると考えていると言ってもよいかもしれません。もちろん、この幻想は権力者によるプロパガンダの結果でもあるのでしょうが、多くの国民が、自分の欲望を満たすためには、経済成長が必至であり、そのためにはインフレを脱する必要があり、積極的な財政によって景気を上向きにする必要があると考えているのも確かなのです。

また、経済成長のためには、世界の潮流であるグローバリズムに乗り遅れてはならないという強迫観念も強い。

こういった思い込みが何処から来るのかといえば、ひとつには、なかなか思うようにならない現実の生活の厳しさからきているのでしょうが、もうひとつは、自分の置かれている現実と、消費者として肥大化したセルフイメージ（期待）との間に乖離があるように思えるのです。

自分の消費者としての実力はこんなものではないはずだというわけです。

アベノミクスさえうまくいけば、この苦境から脱することができるはずだ。

ところが、実際には、厚生労働省が発表した確定値では、賃金ベースで前年を73円下回り、過去最低を記録しているのです。その発表の記事のとなりには、ベースアップの記事と、株価上昇の記事が並んでいます。

期待と現実の乖離が拡がって、幻想ばかりが独り歩きしている。

安倍晋三も、一般大衆も同じ幻想を見始めているということでしょうか。

顔のないアノニマスな消費者と失われつつある重要なもの

人口減少、老齢化、旧来の家族システムの崩壊、消費社会化というのは、まさに戦後日本の70年の歴史が作り出した結果です。

戦後70年かけて、日本の社会は近代化し、都市部が拡大し、封建的な制度が崩れていったわけです。2006年を前後して人口が減少し始めたというのは、ひとつの大きな時代の転換点であり、それまでの発展途上段階から成熟段階へと移行したと見るべきでしょう。しかし、この移行はなかなかスムーズに進みません。

たとえば、世界史的な歴史の発展段階で生まれてきた株式会社というシステムは、成熟段階においては本質的には存在理由を失います。なぜなら、経済成長せず、株価が上がらないとすれば、誰も株に投資しなくなってしまい、株式会社というシステムの根本が崩れてしまうわけですから。もちろんこれには本質的にはという留保が付きます。

グローバリズムが生まれてくる背景には、成熟国家における株式会社というものが、国民国家ベースではもはや存続できないということがあります。世界はまだら模様に発展段階の国家と、成熟段階の国家が存在しているので、国境を取り払えばまだまだ株式会社が生き残る余地があるわけです。株式会社は、今後生存をかけて国民国家を打倒してグローバル化した市場を作り出そうとすることになるでしょう。

しかし、人間が生きていくためのひとつの装置として株式会社システムが生まれたのであって、株式会社が生き残るためにわたしたちがあるわけではありません。

もうひとつ注目したいのは、世界の市場化は、大量のアノニマスな消費者を生み出すということです。ビジネスにとって重要なことは、豊饒な市場を確保することと、その市場でいかに早く投下資本を回転させるかということです。その結果、商品交換の場は、広く大きく、簡便なものになっていきます。そこでは、消費者は売り手と面識もなく、会話も不要な、顔のない貨幣運搬人に限りなく近づくしかありません。コンビニエンスストアにおいて対面している売り手と買い手の関係はまさに、このアノニマスな消費者社会の先駆的なかたちだったわけで、インターネット空間は、市場のサイバー空間への拡大と、消費者のアノニマス化に拍車をかけたわけです。

これまで述べてきた、日本人の自我肥大化現象、ナショナリズムへの傾斜、地縁共同体の変質、アノニマスな消費者化というものが、今後何を生み出すのかについてはまだ誰も明確なヴィジョンを持ちえていません。

ここで、わたしが強調しておきたい、大切なことがあります。

それは、上記のような近代化、消費化のプロセスのなかで、生活者の思想というものが失われていったということです。60年代、70年代に、近代化のプロセスの中で、知識階級は欧米の思想を学習し、普遍的な価値を作り出そうとしてきたわけですが、知的な上昇過程に対置するように、生活の思想というものがありました。

それは、肥大化する観念に対置する暮しの思想であり、大事よりも些事を積み重ねることを重視し、ひとりひとりが日々の暮しのなかでの義務と責任を果たすことのなかから、強固な生活思想というものを作り出してきたわけです。40年代後半に生まれ、50年代に広範な読者を獲得した花森安治の『暮しの手帖』なども、こういった生活思想を背景に生まれたものでした。

近代化のプロセスの中で、生活思想を支えていた家族、地縁共同体が変質し、崩壊するなかで、生活思想というものも語られることがなくなってきました。

生活思想とは、ひとりの人間で言えば身体のようなもので、身体性を失った思想はどこまでも観念の領域で肥大化することが可能です。

生活思想は、宗教やイデオロギーといった観念的なものと異なって、世界の生活者を結びつけることになるのですが、宗教やイデオロギーはむしろ差異を強調します。

現在の日本に瀰漫する自我肥大、ナショナリズム、排他的思想の背景にあるのは、そこに生活者の思想が存在せず、観念が肥大化して生活から乖離した結果ではないでしょうか。

わたしは、田中角栄という政治家が好きではありませんが、安倍晋三と田中角栄という典型的な権力者を比べてみれば、観念の肥大化が何を意味するのかがよく分かります。どちらが、いいとか悪いとか言いたいわけではありませんが、田中角栄の中には寒冷地新潟の厳しい生活のなかから発想された政治思想が読み取れるのに対して、安倍晋三氏の思想の根っこのどこを探しても生活者は見つかりません。

もちろん、そんなことを言ったってはじまりませんが、生活者がいない分だけ観念が肥大化するということはありうることです。

新潟、豪雪、農業、中小企業、お金といったリアルな生活実感が田中角栄の思想の関心事であるとすれば、安倍晋三氏の関心は、美しい日本です。

美しい日本には生活臭もなければ、厳しい困窮もありません。

ただ、観念の中で作り上げられた安倍氏の幻想の国家があるだけです。

この肥大化した観念が、そのまま政治思想へと結びつくとすれば、やはりそれは現実性を欠いた危険なものになると言わなければならないのです。

戦後最も危険な政権

——安倍政権研究

孫崎享

孫崎享（まごさき・うける）

1943年旧満州国鞍山生まれ。66年東京大学法学部中退、外務省入省。英・米・ソ連・イラク・カナダ駐在、駐ウズベキスタン大使、国際情報局長、駐イラン大使を歴任。防衛大学校教授（公共政策学科長、人文社会学群長）を経て、09年に定年退官。評論家。著書に『日本の国境問題』『これから世界はどうなるか』（ともにちくま新書）、『日米同盟の正体』『不愉快な現実』（ともに講談社現代新書）、『戦後史の正体』（創元社）、『アメリカに潰された政治家たち』（小学館）、『日本の「情報と外交」』（ＰＨＰ新書）、『日本を疑うニュースの論点』（角川学芸出版）、『小説 外務省』（現代書館）など。

国民は何故安倍政権を批判しないのか

筆者は『戦後史の正体』を書き、戦後の歴代首相についてある程度学んだが、安倍政権は実施しようとする方向性とその政治手法、いずれとってみても歴代最悪であると思う。

安倍政権の問題点を検討する前に三つの引用をしたい。

天皇陛下会見（朝日新聞、2013年12月23日）より

戦後、連合国軍の占領下にあった日本は、平和と民主主義を、守るべき大切なものとして、日本国憲法を作り、様々な改革を行って、今日の日本を築きました。戦争で荒廃した国土を立て直し、かつ、改善していくために当時の我が国の人々の払った努力に対し、深い感謝の気持ちを抱いています。

（略）

今後とも憲法を順守する立場に立って、事に当たっていくつもりです。

「報告（智恵子に）」高村光太郎『智恵子抄』

日本はすつかり変りました。
あなたの身ぶるひする程いやがつてゐた

あの傍若無人のがさつな階級が
とにかく存在しないことになりました。
すつかり変つたといつても、
それは他力による変革で
（日本の再教育と人はいひます。）
内からの爆発であなたのやうに、
あんないきいきした新しい世界を
命にかけてしんから望んだ
さういふ自力で得たのでないことが
あなたの前では恥しい。
あなたこそまことの自由を求めました。
求められない鉄の囲《かこひ》の中にゐて、
あなたがあんなに求めたものは、
結局あなたを此世の意識の外に逐《お》ひ、
あなたの頭をこはしました。
あなたの苦しみを今こそ思ふ。
日本の形は変りましたが、

あの苦しみを持たないわれわれの変革を
あなたに報告するのはつらいことです。

伊丹万作『戦争責任者の問題』

多くの人が、今度の戦争でだまされていたという。みながみな口を揃えてだまされていたという。私の知っている範囲ではおれがだましたのだといった人間はまだ一人もいない。（略）

「だまし」の専門家と「だまされ」の専門家とに劃然と分れていたわけではなく、いま、一人の人間がだれかにだまされると、次の瞬間には、もうその男が別のだれかをつかまえてだますというようなことを際限なくくりかえしていたので、つまり日本人全体が夢中になつて互にだましたりだまされたりしていたのだろうと思う。

このことは、戦争中の末端行政の現われ方や、新聞報道の愚劣さや、ラジオのばかばかしさや、さては、町会、隣組、警防団、婦人会といったような民間の組織がいかに熱心にかつ自発的にだます側に協力していたかを思い出してみれば直ぐにわかることである。（略）

このことは、過去の日本が、外国の力なしには封建制度も鎖国制度も独力で打破することができなかつた事実、個人の基本的人権さえも自力でつかみ得なかつた事実とまつたくその本質を等しくするものである。

そして、このことはまた、同時にあのような専横と圧制を支配者にゆるした国民の奴隷根性とも密接につながるものである。

それは少なくとも個人の尊厳の冒瀆《ぼうとく》、すなわち自我の放棄であり人間性への裏切りである。また、悪を憤る精神の欠如であり、道徳的無感覚である。ひいては国民大衆、すなわち被支配階級全体に対する不忠である。

我々は、はからずも、いま政治的には一応解放された。しかしいままで、奴隷状態を存続せしめた責任を軍や警察や官僚にのみ負担させて、彼らの跳梁を許した自分たちの罪を真剣に反省しなかつたならば、日本の国民というものは永久に救われるときはないであろう。（略）

「だまされていた」といつて平気でいられる国民なら、おそらく今後も何度でもだまされるだろう。いや、現在でもすでに別のうそによつてだまされ始めているにちがいないのである。

この論考で安倍政権が如何にひどい政権であるかを見ていく。

しかし問題は安倍氏にだけあるのではない。最大の問題は安倍氏を容認する国民側にある。

安倍首相が国際オリンピック委員会（ＩＯＣ）総会での東京招致への最終演説で福島第一

原発の汚染水に触れ、「まったく問題はない。汚染水の影響は、港湾内で完全にブロックされている」、「汚染水の影響は、福島第一原発の港湾内の0・3平方キロメートルの範囲内で完全にブロックされている」と述べた時、ほとんどの国民は嘘であることを知っていたはずだ。

安倍首相が2013年7月21日夜、テレビ朝日番組に出演し、23日に日本も交渉に参加する環太平洋経済連携協定(TPP)について「すでにお約束している守るべきはしっかりと守るべく努力していきたい」との方針を改めて強調した時、「守るべき」というものが極めて曖昧であり、米など主要5品目の関税引き下げは多分守られないであろうことは解っていた。

安倍首相は2013年9月訪米中、25日「ハドソン研究所」で講演し、ここで「もし、私を右翼の軍国主義者とお呼びになりたいのであれば、どうぞお呼びいただきたい」と発言した。これは安倍首相が進めている軍国化路線の明らかな開き直りである。

原発の汚染水発言であれ、TPP関連の発言であれ、軍国主義発言であれ、多くの国民には問題発言であることが解る。それにもかかわらず、国民は安倍首相に対し高い支持率を示してきた。

国民は、伊丹万作氏の指摘する「騙される選択」をしたのだ。そして、「騙されていない人々」に対して圧力をかけ「国賊」等のレッテルを張り始めている。

何故騙される選択をしたか。

さまざまな分析がされるであろう。

筆者は、日本の社会が明らかに後退し、格差社会が浸透しつつある中で、「自分は権力側にいる」「主流側にいる」との安心感を求め、体制側から排除されることを恐れる心情から出て来ているのでないかと思う。

安倍政権の問題点

安倍政権はさまざまな政策を実施し、その危険な方向を進めているが、これらは現在にマイナスをもたらすだけでなく、将来の世代にも深刻な影響を与える。以下、四つの観点からその問題点について考察する。

(1)原発の再稼働

原発の再稼働に向け、さまざまの動きがある。

日本経済新聞は2013年7月8日「原発再稼働、5原発10基が申請　新規制基準施行で」の標題の下、次のように報じている。

原子力発電所の安全性を判断する新たな規制基準が8日施行された。原子力規制委員会は午前、再稼働に必要な安全審査の受け付けを始め、北海道、関西、四国、九州の電力4社が5原発10基で申請した。審査は半年ほどかかる見通し。東京電力など他電力も申請を予定しており、来年以降は原発の再稼働が相次ぐ可能性もありそうだ。

更に12月14日朝日新聞は「エネルギー基本計画、原発重視を強調。原発だけを〝基盤〟と強調」と報じた。

12月14日朝日新聞は「経済産業省は13日、国のエネルギー政策の中長期的な方向を示すエネルギー基本計画案をまとめた。原発を〝基盤となる重要なベース電源〟と位置づけ、6日に示した原案に〝基盤となる〟を加え、必要性をより強調した。原発の新増設は明記しなかったが、〝必要とされる規模を確保〟と盛り込み、将来の新増設に含みを持たせた。関西電力生駒副社長は〝新増設を事実上認めている。我々の意見が反映された〟と述べた」と報じた。

これら推進派の再稼働を必要とする理由は詭弁と言わざるをえない。

まずエネルギー全体の必要性が説かれる。

２０１３年10月9日ブログ「スマートジャパン」は「電力会社9社が太陽光発電と風力発電によって供給する電力が増えている。２０１３年夏の電力需要がピークになった時間帯の実績を集計した結果、太陽光と風力の合計で244万kWに達した。原子力発電所の2基分に相当する規模で、再生可能エネルギーが原子力を代替する状況が進んできた」と報じ、これに加え「石油、天然ガスを原料とする」化石燃料への回帰が進んでいる。以上からエネルギー全体の供給状況から原子力発電所の増設を必要とする理由はさして強くない。

ついで指摘されるのはコスト面である。

今次福島原発の処理には国のお金が投入されている。事故の費用は当然コストに算入される。事故に備えて保険でカバーする体制をとれば原発コストは極めて高い。さらに使用済み燃料の処理、廃炉費用を考慮すれば、原発コストはとてつもなく高額となる。

原発の最大の問題は地震の被害である。さまざまの指摘があるが、最も重要な発言の一つに石橋克彦神戸大学教授（当時）の発言がある。

2005年2月23日、石橋克彦神戸大学教授は、衆議院予算委員会公聴会で「迫り来る大地震活動期は未曾有の国難である」という論を展開した。

議事録から、主な論点を見てみたい。

「日本列島の大地震の起こり方にはですね、活動期と静穏期というのが認められます」

「現在、日本列島はほぼ全域で大地震の活動期に入りつつある、ということはほとんどの地震学者が共通に考えております」

「（大地震の際には）大津波が生ずる訳です。海岸の地形や何かによってはインド洋の大津波（マグニチュード9を記録した２００4年12月のスマトラ沖地震）に匹敵するようなことが起こる場所もあるかもしれません」

「日本の場合、53基の原子炉が今ありますが、地震には絶対安全だということになっております」

「アメリカでは地震現象というのは、原子力発電所にとって一番恐ろしい外的要因であるというふうに考えられております。と言いますのはですね、普通、原発の事故というのは単一要因故障といって、どこか一つが壊れる。で、その場合は多重防護システム、あるいはバックアップシステム、安全装置が働いて、大丈夫なようになるというふうに作られているわけですけども、地震の場合は複数の要因の故障といって、いろんなところが振動でやられるわけですから、それらが複合して、多重防護システムが働かなくなるとか、安全装置が働かなくなるとかで、それが最悪の場合にはいわゆるシビアアクシデント、過酷事故という炉心溶融とか核暴走とかいうことにつながりかねない訳であります」

日本での原発問題の最も重要な問題は地震からくる危険である。原発の再稼働を促進する人々はその問題を意識的にはずし推進しようとしている。

何故こうした愚策を継続しようとしているか。２０１３年12月16日付朝日新聞は「原発迷走」の中で次の記述をした。

東日本大震災から一週間後の２０１１年3月18日、東電は大手銀行にＳＯＳを出した。銀行団は2兆円融資の決定をした。大手銀行幹部はいう。〝あの時川を越えた。今さら引けない。〟（省略）事故後に世論を二分した〝脱原発〟の議論をよそに、原発復活の道へと〝逆走〟する東電を金融機関が後押しする。

そして金融機関の融資額を掲載した。

●金融機関主要11社の東京電力への融資額

三井住友銀行	9900億円
みずほ銀行等	7700億円
日本政策投資銀行	7600億円
三菱東京ＵＦＪ銀行等	3900億円
……	
主要11社合計	4兆1000億円

77社融資総額　4兆5000億円

日本の社会において、原発の再稼働を求める勢力は単に電力会社だけではない。金融業界もそうである。

一旦間違いを犯すと、間違いが次の間違いを誘発する。そして負を拡大していく。最後には支えきれなくなって自滅する。

同じく新聞報道の中で、小泉純一郎元首相の発言に次のものがある。

昭和の戦争だって、満州から撤退すればいいのに、できなかった。『原発を失ったら経済成長できない』と経済界は言うけど、そんなことないね。昔も『満州は日本の生命線』と言ったけど、満州を失ったって日本は発展したじゃないか。

（毎日新聞「風知草」、2013年8月26日）

満州進出という間違った政策は、中国との全面戦争、そして日米開戦まで突き進んだ。原発推進という間違った政策をとり、東日本大震災後も2兆円追加融資するという愚をおかした銀行は、国民の生命の安全という犠牲を払っても原発の再稼働を支援していく。

(2)TPP(環太平洋戦略的経済連携協定)問題

TPPの最大の問題は、国家の主権を侵害する、それも外国企業の利益のために国家の主権を侵害するという点である。

平成25年5月2日参議院予算委員会公聴会で筆者が述べたことの要旨を記したい。

＊＊＊

TPPは日本の将来を決める大きな岐路です。

今日の外交問題で最も重要な課題であると言えます。

TPPにはさまざまな問題がありますが、なかでもISD条項(投資家対国家の紛争解決条項)は国家の主権を揺るがす重大課題です。

これまでの経済交渉は国家対国家でした。

ISD条項によって、企業が国家を直接訴えることが可能になる。裁判では企業は巨額の資金を投入します。

裁判の基本対象は経済活動にかかわるもので、受け入れ国の法律や制度で期待する利益が得られなかった時に訴えることが出来るというものです。

健康、土地活用、政府調達、知的財産権、規制、税等広範な分野が対象になるとみられています。

皆さんに質問します。次のケースをどう考えるか。

・政府が企業に廃棄物処理施設許可を与えたが、有毒物質による近隣の村の飲料水汚染等で癌患者が多数発生する等、危険性が提訴され、地方自治体が施設利用を不許可処分にした。

・有害毒性の指摘がある添加物を持つガソリンの輸入を、政府が禁止した。

・薬品は副作用があり、その調査を十分しなければならないが、新薬の特許申請に対して、臨床実験が十分でないとして、政府が許可を与えなかった。

ではＴＰＰになるとどうなるか。

ＮＡＦＴＡ（北米自由貿易協定）の例でみてみたいと思います。

(1)米国メタルクラッド社がメキシコ連邦政府から、廃棄物処理施設許可をうけて投資、有毒物質による近隣の村の飲料水汚染等で癌患者が多数発生。地方自治体が施設設立不許可処分にしたところ、これを企業が提訴。約１７００万ドルの賠償の判決が出ました。

(2)カナダ政府が人体有害毒性の指摘があるガソリン添加物ＭＭＴの輸出を禁止すると、

同製品生産企業である米国エチル社は、確実な証拠もなくこれを規制しようとしていると主張し、結局カナダ政府は１３００万ドルを支払い和解。
(3)カナダ政府は米国製薬会社イーライリリー社に対して注意欠陥多動性障害治療剤の臨床実験数が不十分であるとして特許を与えず。会社はこれをカナダの裁判所に持ち込んだが、カナダの最高裁判所はこれを却下。今度はＩＳＤ条項でカナダ政府を訴える。賠償額一億ドル。

憲法は国会が最高機関としていますが、ＩＳＤ条項はこの法律を裁くのです。日本では最高裁の判決が最上位です。ＩＳＤ条項はこの判決を裁くのです。

＊＊＊

憲法では、第41条で「国会は、国権の最高機関であって、国の唯一の立法機関である」としている。また、第76条で「すべて司法権は、最高裁判所及び法律の定めるところにより設置する下級裁判所に属する。特別裁判所は、これを設置することができない。行政機関は、終審として裁判を行ふことができない」としている。

当然のことであるが国会で議決された法律が最高の法規であり、最高裁判所の決定が最終判決である。

しかし、ＩＳＤ条項によって、国会の法律、最高裁判所の判決を、世界銀行傘下の国際投資紛争仲裁センターが裁く。それも「投資家の利益が損なわれたか」という視点のみで、日本の法律、裁判を退ける。

⑶集団的自衛権

集団的自衛権を推進する人の代表的例が、小泉元首相が２００４年６月27日のＮＨＫ討論番組で行った論。彼は「日本を守るために一緒に戦っている米軍が攻撃された時に、集団的自衛権を行使できないのはおかしい。憲法を改正して、日本が攻撃された場合には米国と一緒に行動できるような形にすべきだ」と述べた。

集団的自衛権の是非を考える時、日本人の多くはこの小泉元首相の論理を判断の基準にする。

しかし小泉元首相が述べた「日本を守るために一緒に戦っている米軍が攻撃された時に、集団的自衛権を行使できないのはおかしい」という表現は間違っている。

現在日米間には日米安保条約がある。この条約の第五条は「各締約国は、日本国の施政の下にある領域における、いずれか一方に対する武力攻撃が、自国の平和及び安全を危うくするものであることを認め、自国の憲法上の規定及び手続に従って共通の危険に対処するように行動することを宣言する」と規定され、「日本を守るために一緒に戦っている米軍が攻撃された時には日本は行動をとること」は条約上の義務になっている。

では条約上明白なことを何故今必要と述べているのか。

それは目指すものが別に存在し、それを一般国民受けする台詞で容認させようと試みているからである。

２００７年４月発足した柳井元駐米大使を座長とする有識者会議は、集団的自衛権行使に関する四つの個別事例研究を進めた。これから様々な形をとるが、これが集団的自衛権の目指すものと言ってよい。

(1)同盟国を攻撃する弾道ミサイルをＭＤシステムで撃破する。

(2)公海上で海上自衛隊の艦船と並走する艦船が攻撃された場合、自衛艦が反撃する。

(3)陸上自衛隊がイラクで行った復興支援活動のようなケースで、自衛隊と一緒に活動している他国軍が攻撃された際に駆けつけて反撃する。

(4)国連平和維持活動（ＰＫＯ）で、海外で活動する自衛隊員が任務遂行への妨害を排除するため武器を使用する。

この有識者会議は小泉元首相の言う「日本を守るために一緒に戦っている米軍が攻撃された時には日本は行動をとること」とは別の提言をしている。当然である。現行安保条約に含まれていることを必要だと提言するはずがない。

集団的自衛権は日米軍事協力の在り方の変更を目指している。一つは「範囲」である。安保条約では、「日本国の施政の下にある領域」とされている。今一つは「場合」である。安保条約では「一方に対する武力攻撃」という場合に限定している。これに対して、有識者会議は「ミサイル防衛のケース」、「公海上並走している時」、「イラクのような場合」としている。

提言の一つ、ミサイル防衛は一見もっともらしい。「北朝鮮が米国に向けミサイルを発射し日本の上空を飛んでいるのに黙って見過ごしていいか？」。米国へのミサイルは約1000キロメートル上空を飛ぶ。迎撃ミサイルの射程距離は数十キロ、長くても200〜300キロメートルで届かない。届かないミサイルで撃ち落とせるはずがない。だとすれば、ミサイルを阻止しようとすれば、ミサイル発射前に攻撃することしかない。これが「敵基地攻撃」である。北朝鮮内にあるミサイルを攻撃すれば、当然北朝鮮は200〜300実戦配備されているノドンを日本に発射する。日本にこのリスクをとる国益はない。

「陸上自衛隊がイラクで行った復興支援活動のようなケースで、自衛隊と一緒に活動している他国軍が攻撃された際に駆けつけて反撃する」は何を意味するのか。日本が純粋に復興支援を行っていても、米国は敵と交戦を行っている。純粋に復興支援を行う日本と、交戦をしている国とでは敵の対応が異なる。米国と一緒に交戦することで、以降日本は交戦部隊と位置づけられていく。

集団的自衛権では有識者会議は⑶、⑷で復興支援活動やＰＫＯに言及している。自衛隊が復興支援などで海外に展開することについては、米国軍部に次の狙いがある。

新ガイドライン（97年日米間で合意）に盛り込まれた国連のＰＫＯ、人道支援、災害援助活動はいずれもグローバルな日米協力を視野に入れたものである。このような頻繁に起こり、緊張度の低い作戦行動を共同で行うことは、同盟の性質を転換させるために不可欠な実際上の手続き、作戦面での政治プロセスを制度化する可能性を持つからである。

（元国防省日本部長ポール・ジアラ論文「新しい日米同盟の処方箋」、１９９９年）

米国は自衛隊に復興支援等で日米協力をさせそれを次第に軍事協力にすることを意図している。

それが有識者会議の⑶、⑷の狙いである。

集団的自衛権の問題は独立した動きではない。世界を舞台に自衛隊を米国戦略のために利用したいとする米国の動きと連動している。

リチャード・サミュエルズＭＩＴ教授は著書『日本防衛の大戦略』で「日本は安全保障の範囲を拡大すべきである、というアメリカの要求が、これほど大幅で執拗になったのはこれまでにないことだった。（略）在日米軍基地と日米同盟を世界的な安全保障戦略の道具として利用するのは、アメリカの『明確な意思』である」と記述している。

２００５年日本の外務大臣、防衛庁長官と米国の国務長官、国防長官の間で締結された「日米同盟　未来のための変革と再編」はサミュエルズ教授の指摘を具現化したものである。ここでは日米軍事協力の範囲を日米安保条約の「極東」から「世界」にし、方法を「国連の目的と両立しない他のいかなる方法も慎む」から「国際的安全保障環境の改善」に変更した。集団的自衛権をめぐる動きは、まさに「日米同盟　未来のための変革と再編」を日本の法制面などで整える動きと言える。従って、集団的自衛権の是非には今日の米国戦略の評価を行うことが不可欠である。

今日の米国戦略は世界の平和と安定に貢献しているか、否か、それが今問われる。

(1)現在米国戦略はテロとの戦いを柱としている。しかし、テロ行為は通常政治的目的のため行われている。外交的手段で解決を図る道がある。この解決を十分に追求することなく専ら軍事手段で解決を図るのは間違っている。

(2)「ウェストファリア条約」の理念（主権を認め、武力を抑制）は国連憲章に活かされ、日米安保条約も含め、紛争に対応する従来の基本的理念である。しかし「日米同盟　未来のための変革と再編」のめざす「国際的安全保障環境の改善」は将来の脅威を除去することを目指し、むしろ国際社会で不安定を拡大する行動である。

実は「集団的自衛権を強化すべきか否か」の問題の根幹は日米協力の在り方について「個別政策に問題があっても日米関係全体のために受け入れるべき」とする考え方と、「個別政策への協力は各々の是非を判断し行動すべし」とする考え方のいずれを選択するかの問題である。

かつては、「米国追従は日本の国益」とする論が有力であった。しかし、今情勢は変わった。中国経済が米国を追い抜くことが現実味を増した。

今や米国内で「アジアにおける最も重要なパートナーは誰か」との問に日本でなく中国とする考えが優勢になってきた。特に有識者の中で顕著である。日本が米国に忠誠を誓えば米国は日本を大切にしてくれる時代は過ぎた。米国は自己の国益で動く。日本もまた自らが戦略を持ち、個別の政策が真に国益に合致するかを真剣に判断せざるをえない時代に入っている。この中「集団的自衛権」という米国従属政策を強化する動きは、1960年の安保改定で日本の国益を守るため、最低限必要とした枠組み（軍事協力を極東、及び攻撃される時に限定）すら撤廃しようとしている。

「集団的自衛権」は日本の安全保障面で危険性を増大させる。日本の国益に反する動きだ。

⑷秘密保護法

2013年12月6日、特定秘密保護法が成立した。

秘密保護法の最大の問題は民主主義と関係している。

民主主義国家においては、主権は国民にある。国民が基本的流れを決め、国会が決議し、それを行政府が実施する。それが民主主義の流れである。

具体例で考えてみたい。

2013年3月、英国とフランスが共同で「12年8月以降、アサド政権が複数回にわたり化学兵器を使用している」という報告書を国連に提出し、これを契機に米国内でシリアへの軍事攻撃の可能性が浮上し、オバマ米大統領は8月31日、声明を発表し、シリア軍事介入について米議会の承認を求める考えを明らかにした。この時期、9月4日、アメリカの上院外交委員会は、シリアへの軍事攻撃を条件付きで承認している。しかし、世論はシリア攻撃に反対し、結局、下院が軍事攻撃に反対する決議をし、最終的にオバマ大統領はシリアへの軍事攻撃を断念した。

この流れを見ても世論が重要な役割を担っている。民主主義国家においては国家が正しい政策の選択をするには、国民が正確な情報を持つことが不可欠となる。

したがって、国民への情報提供を制限しようとする動きは民主主義に反する行動である。

そのことについて、外国の諸機関が迅速に反応した。

ルーシー・バーミンガム日本外国特派員協会々長による警告（抜粋。11月11日）

「特定秘密保護法案」は報道の自由及び民主主義の根本を脅かす悪法であり、撤回、または大幅修正を勧告します。開かれた社会における調査報道の真髄は、政府の活動に関する秘密を明らかにし、それを市民に伝えることにあります。そのような報道行為は民主主義の基本である抑制と均衡のシステムに不可欠なものであって、犯罪などではありません。

本法案の条文によれば、報道の自由はもはや憲法で保障された権利ではなく、政府高官が「充分な配慮を示すべき」対象に過ぎないものとなっています。

国際ペンクラブによる秘密保護法案に異例の反対声明（朝日新聞、11月20日）

国際ペンクラブは20日、日本ペンクラブと共同記者会見を開き、「市民の表現の自由を弱体化させる」として反対する声明を発表した。国際ペンが日本の国内法案について、反対声明を出すのは戦後初めて。

記者会見では、ジョン・ラルストン・サウル国際ペン会長の反対声明が読み上げられた。「国にとって差し迫って必要でも、公益を守るためのものでもない。政治家と官僚が、過剰な秘密保全の考えに隠れて、自らに権力を集中させようとしている」として、法案を批判した。

12月16日ニューヨーク・タイムズ紙社説「日本の危険な時代錯誤ぶり」（サイト「Peace Philosophy Centre」の和訳を抜粋）

安倍晋三首相の政府は今月、国会で秘密保護法をゴリ押しして通過させた。この法律は日本の民主主義の理解が根本的に変えられることを示唆している。この法律の文言は曖昧で非常に広範囲にわたるものであり、政府が不都合だと思うものを何でも秘密にすることを許すことになる。秘密を漏らした公務員は10年まで投獄されうる。報道関係者が、「不当」な方法で入手したり、秘密指定されていると知らない情報を得ようとしたりすることでさえ5年まで投獄されうる。この法律は国家安全保障を取扱い、スパイ行為やテロも含まれる。

この法案が通る直前に、与党自民党幹事長の石破茂が、自身のブログで11月29日、秘密保護法案に反対して合法的にデモを行う人たちをテロリストになぞらえた。言論の自由に対するこのような無情なまでの軽視は、安倍政権が本当は何をやろうとしているのかについての懐疑心を大いにかき立てた。日本の公衆はこの法律が報道の自由と個人の自由を侵害することを恐れていることは明確のようだ。共同通信が行った世論調査によると、回答者の82％が、法律は廃案か見直すべきだと答えている。

しかし安倍氏は、傲慢なことに公衆の不安をものともしない。法案通過後に「この法律で日常生活が脅かされることはない」と語った。自民党の古参議員の中谷元は、「政府が関与する事柄と一般市民が関与する事柄は区別されるものだ」と表明し、民主主義についての驚くべき無知を露呈した。

この法律は安倍氏の、日本を「美しい国」に作り替える聖戦における不可欠な要素である。それは、市民に対する政府の権力の拡大と個人の権利保護の縮小、すなわち愛国的な人々に支えられる強い国家を想定するものだ。彼が公言してきた目標は、約70年前、占領中に米陸軍に課された国家の憲法を書き換えることである。

昨年4月に発表された自民党の憲法草案は、基本的人権の保証についての既存の条項を取り除いている。草案は、国旗と国歌を尊重しなければいけないとする。また、国民は「自由及び権利には責任及び義務が伴うことを自覚し、常に公益及び公の秩序に反してはならない」とする。さらに、総理大臣が緊急事態を宣言し、通常法を一時停止する権限を持つとされている。

安倍氏の目的は「戦後レジームの脱却」である。日本で批判する人々は、彼が1945年以前の国家を復活させようとしていると警告する。時代錯誤的で危険な思想だ。

何故、時代錯誤的な秘密保護法が出てきたのであろうか。

２０１３年10月３日、ケリー国務長官とヘーゲル国防長官が来日し、岸田外務大臣と小野寺防衛大臣との間で日米安全保障協議委員会（通称「２プラス２」）が開催された。ここで、「より力強い同盟とより大きな責任の共有に向けて」と題する日米安全保障協議委員会共同発表が行われた。ここで重要な決定がなされている。

先ず、集団的自衛権に関し「集団的自衛権の行使に関する事項を含む自国の安全保障の法的基盤を再検討する」とし、日米両軍の「相互運用性を向上させる」と決めた。そして秘密保護法についても決定した。外務省発表の日本語訳はわかりにくい。とりあえず私が訳すると、「（両国）閣僚は、情報の保護を確実なものにする目的で、日本側が法的枠組みを作るために真剣な努力をすることを歓迎する」となる。日本は「法的枠組みを作る、秘密保護法を制定する」ことを外相、防衛相レベルで米国に約束している。

実はこの動きは今に始まった訳ではない。２００５年10月29日、当時のライス国務長官、ラムズフェルド国防長官、町村外務大臣、大野防衛庁長官の間で結ばれた「日米同盟：未来のための変革と再編」には次の記述がある。

●情報共有及び情報協力の向上

双方は、良く連携がとれた協力のためには共通の情勢認識が鍵であることを認識しつつ、部隊戦術レベルから国家戦略レベルに至るまで情報共有及び情報協力をあらゆる範囲で向上させる。この相互活動を円滑化するため、双方は、関連当局の間でより幅広い情報共有が促進されるよう、共有された秘密情報を保護するために必要な追加的措置をとる。

安倍首相が「秘密保護法はどうしても必要」と言ったのは、日本自体から出る必要ではなくて、米国の要請である。

何故か。

それは集団的自衛権との関係である。

集団的自衛権に関し、「法的基盤を再検討する」と決めた。

日本は集団的自衛権によって、米軍の軍事戦略のために行動する。

そうすると、秘密保護法の是非を判断するには集団的自衛権の是非を検討する必要がある。

今日の米国の戦略は「国際的安全保障環境を改善する」ために軍事力を使うことにある。

安倍首相が、「積極的平和主義」と言っているが、その意味する所は同じである。軍事力を行使し平和をもたらすというものである。

ではこの戦略が成功したか。

イラク戦争でイラクに平和と安定をもたらしたか。

アフガニスタン戦争でアフガニスタンに平和と安定をもたらしたか。

リビアへの軍事介入で平和と安定をもたらしたか。

もたらしてはいない。

「国際的安全保障環境を改善する」という当初の目的は逆に対象国に不安と混乱をもたらしている。

集団的自衛権を認めた際には日本はイラク戦争のような事態に参画することが予想される。その時日本の安全は高まるのか。

イラク戦争時、戦争に参加したロンドンやパリは爆弾攻撃に晒された。我々は「東京などが爆弾攻撃されてもいい、それを織り込んでも集団的自衛権を進めるべきだ」と言えるか。

秘密保護法は米国の圧力によって作成されたものであるが、これを利用したのが公安警察である。この法律によって、公務員が秘密を扱えるか否かの適正審査をする権限を持つ。

さらに秘密の対象の分野は「外交」、「防衛」に加えて「テロ」が加わった。この「テロ」の範囲は極めて不明確である。

この中で、石破幹事長の発言が出た。

自民党の石破茂幹事長は29日付の自身のブログで、国家機密を漏えいした公務員らに厳罰を科す特定秘密保護法案に反対し、国会周辺で行われている市民のデモについて

〝単なる絶叫戦術はテロ行為とその本質においてあまり変わらないように思われます〟と批判した。国会周辺では連日、市民団体が特定秘密保護法案に反対するデモを行っているが、これを「テロ行為」と同列視する内容（略）。（毎日新聞、２０１３年11月30日）

石破幹事長はこの発言を否定したが、将来公安警察の中に、石破幹事長と同様の発想をする人が出る可能性は高い。

安倍政権はファシズム政権か

安倍政権で日本は危機的状況に入りつつある。

最早民主主義から決別し、ファシズムの特徴を露骨に示し始めた。

多くの人はファシズムという政治形態は過去のもので、今日の民主主義国家、特に日本とは縁のない存在と思ってきた。

しかし、安倍政権になり「ファシズム」の定義をみると、ファシズムの段階に入ってきたと言える。

「ファシズム」には様々な考え方がある。ここでは便宜上とりあえず、ウィキペディアの「ファシズム」の項を見てみよう。そして安倍政権が該当するか否かを○×で示してみた。

①ファシストは国家の価値や、政治や経済などの体制を、コーポラティズムの観点に従って組織しようと努める。↓◯
②国家が、国家の強さを保つために暴力の実行や戦争を行う意思と能力を持つ。↓◯
③強力なリーダーシップと単一の集団的なアイデンティティを必要とする有機体的な共同体であると信じる。↓◯
④彼らは、文化は全国民的な社会とその国家によって創造され、文化的観念が個人にアイデンティティを与えると主張し、したがって個人主義を拒絶する。↓◯
⑤彼らは国家を1つの統合された集合的な共同体とみて、多元主義を社会の機能不全の様子とみなし、国家が全てを表すという意味での全体主義国家を正当化する。↓◯
⑥また、一党制の国家の創設を主張する。↓実質◯
⑦つまり、議会制民主主義制度、及び、議会制民主主義思想に対して拒否反応を示す。それゆえに、議会制民主主義によって制定された法制度等に対して全面的に価値を認めない基本的な立場をとる。↓◯
⑧ファシストは、ファシストの国家の一部とはみなされず、かつ同化を拒否するか同化できない、文化的または民族的な集団による自治を拒絶し抵抗する。彼らはそのような自治を創設する試みは、国家への侮辱や脅威とみなす。↓◯

⑨ファシストの政府は、ファシストの国家やファシスト運動への反対を禁止し抑圧する。↓◯
⑩彼らは暴力と戦争を、国家の再生や精神や活力を創造する行動であるとみる。↓◯
⑪ファシズムは平等主義や物質主義や合理主義の概念を拒絶し、行動や規律や階層的組織や精神や意志を支持する。↓◯
⑫つまり自己の目的を絶対正義とするから、「目的のためには手段は選ばず。」というような論法をとる。↓◯
⑬権威を笠に着て合理的論拠（具体的証拠）もなしに威圧するような高飛車な論法で相手を事実認識させ（固定観念を植え付け）ようとしたり、聴衆を扇動するようなことが多い。↓◯
⑭合理主義に価値観を認めないがゆえ、その論理展開での基本的な正邪善悪の倫理的価値基準において「ダブルスタンダード」（例：民族宗教の倫理価値基準と唯物史観社会主義の倫理価値基準の同時並行的な利用）に代表されるような、全く矛盾する価値基準の教義などを利用、引用することが多い。↓◯
⑮彼らは、排他的で経済的な階級をベースとした運動であるという理由で自由主義やマルクス主義に反対する。↓◯
⑯ファシストは彼らのイデオロギーを、経済的な階級闘争を終了させて国家的な団結

を確実にする、経済的に超階級的な運動として提示する。↓実質◯
⑰彼らは、経済的な階級には国家を適切に統治する能力は無く、経験豊かな軍人たちからなる優秀さを基礎としたエリート集団が、国家の生産力の組織化や国家独立の確実化などを通して支配するべきであると主張する。↓×
⑱ファシズムは保守主義を、社会秩序への支持という部分的な価値と把握するが、しかしその変革や近代化に対する典型的な反対には賛成しない。↓◯
⑲また、自分自身を、強制的な変革を推進する国家管理された近代化を主張する一方で、多元主義や独立した主導権という社会秩序への脅威に反抗することによって、保守主義の利点と欠点を把握した解決方法であるとする。↓◯
①から⑲までを書き並べた。そして驚くほど、ファシズムの定義は安倍政権に近いことがわかる。

安倍政権における言論統制

民主主義の根幹に言論の自由がある。
安倍政権はこの基本を揺るがそうとしている。

代表的なのはＮＨＫへの介入である。
ここではＮＨＫに対する対応をモデルケースとして見てみたい。
ＮＨＫは公共機関である。ＮＨＫが報道機関として中立を保つべきであることは、ほとんどの機関が合意するであろう。
２０１１年ＮＨＫ新ガイドラインは次のように述べている。

事実をゆがめたり、不当に人を傷つけたりする放送をすることがあれば、視聴者の信頼を失い、放送へのさまざまな圧力に抗うことができなくなるでしょう。視聴者と放送事業者との信頼関係は、放送事業者が自主・自律を貫き、豊かで良い番組を送り続けることによってのみ保つことができます（略）。受信料に支えられるＮＨＫは、広く視聴者からの信頼なくして、その存立はあり得ません。より厳しく放送倫理を求められるのは当然のことです。

そして第一に、「1自主・自律の堅持」の項目を設け、次のように述べた。

ＮＨＫは、公共放送として、憲法で保障された表現の自由のもと、正確で公平・公正な情報や豊かで良質な番組を幅広く提供し、健全な民主主義の発展と文化の向上に寄与する。

この役割を果たすため、報道機関として不偏不党の立場を守り、番組編集の自由を確保し、何人からも干渉されない。ニュースや番組が、外からの圧力や働きかけによって左右されてはならない。ＮＨＫは放送の自主・自律を堅持する。

全役職員は、放送の自主・自律の堅持が信頼される公共放送の生命線であるとの認識に基づき、すべての業務にあたる。


多分ほとんどの人がこの記述に合意するであろう。

しかし、全く逆の動きが出ている。

２０１３年10月25日産経ニュースは次の報道を行った。


政府は（略）、ＮＨＫ経営委員会委員に小説家の百田尚樹氏ら５人を起用する国会同意人事案を提示した。保守論客や安倍晋三首相に近い人材が並び、ＮＨＫ改革に向けた政権のカラーが打ち出された格好。経営委はＮＨＫの最高意思決定機関で、会長任命など強い権限を持つ（略）。

政府が人事案を提示した新任の委員は、百田氏のほか、（略）長谷川三千子氏、（略）中島尚正氏、（略）本田勝彦氏の計４人。再任のＪＲ九州会長の石原進氏も含め、近く衆参両院の本会議で採決、承認される見通し。

百田氏の作品は首相も愛読者の1人で、8月に月刊誌で対談するなど親交が深い。本田氏は首相の元家庭教師で、5月にも経営委員長就任が取り沙汰された。

長谷川氏は保守派の論客。中島氏が校長を務める海陽学園は次世代のリーダー育成を掲げる全寮制の中高一貫校で、首相に近いJR東海会長の葛西敬之氏が副理事を務める。

民主主義の根幹に報道の自由がある。その柱の一つが公共放送としてのNHKである。これが侵されようとしている。政府・自民党は様々な形でNHKの報道に注文を付けている。

自民党は他の報道機関にも圧力をかけている。

7月5日付け朝日新聞デジタルは「自民、TBS取材や出演を拒否　党幹部級、報道内容受け」の標題の下、次の報道を行っている。

自民党は4日、TBSの報道内容について「公正さを欠く」などとして当面の間、党役員会出席メンバーに対するTBSの取材や出演要請を拒否すると発表した。問題視したのは、6月26日放送の「NEWS23」で通常国会会期末の法案処理を報じた内容。党は「重要法案の廃案の責任がすべて与党側にあると視聴者が誤解する内容があった。マイナスイメージを巧妙に浮き立たせたとしか受け止められず、看過できない」としている。

（朝日新聞デジタル、2013年7月5日）

安倍政権になって、民主主義の根幹である「言論の自由」の分野に様々な圧力が加わり始めた。

安倍政権が目指すもの、そしてその政治手法は戦後最も危険なものである。

フォロワーシップの時代

——「経世済民」を担うのはだれか?

鷲田清一

鷲田清一（わしだ・きよかず）

1949年京都府生まれ。京都大学大学院文学研究科博士課程修了。大阪大学教授、大阪大学総長などを歴任。現在、大谷大学文学部教授、せんだいメディアテーク館長。哲学・倫理学を専攻。89年『分散する理性』（のち『現象学の視線』に改題〔講談社学術文庫〕）と『モードの迷宮』（ちくま学芸文庫）でサントリー学芸賞、2000年『「聴く」ことの力』（阪急コミュニケーションズ）で桑原武夫学芸賞、12年『「ぐずぐず」の理由』（角川選書）で読売文学賞を受賞。他の著書に『ちぐはぐな身体』（ちくま文庫）、『「待つ」ということ』（角川選書）、『〈ひと〉の現象学』（筑摩書房）、『おとなの背中』『「自由」のすきま』（ともに角川学芸出版）、『パラレルな知性』（晶文社）などがある。

「経世済民」の消失

この一年、政治の動きを見れば、自民党が圧倒的な優位にある国会で、あれよあれよという間にいろいろの政策や法律が決まっていった。が、日本のこれからを考えるとひょっとしたら取り返しのつかないくらいに大きな方向転換だったと、後でふり返ることになるかもしれない。だから、心してこの動きを見ておいたほうがいいようにおもう。

「経済」という言葉がある。「経世済民」という言葉を略したものだ。中国の古典に出てくる言葉で、世を治め、民の苦しみを救うという意味である。この「経世済民」という事業をいま担っているのは、この社会のどの部分なのか。

「経済学」、つまりエコノミックスという学問名が生まれるまでは、「経済（学）」は西欧では「ポリティカル・エコノミー」と呼ばれていた。たとえば、D・リカードの『経済学および課税の原理』（Principles of Political Economy and Taxation, 1817）やJ・S・ミルの『経済学原理』（Principles of Political Economy, 1848）、マルクスの『経済学批判』（Kritik der politischen Ökonomie, 1859）などがそうである。そしてこの「ポリティカル・エコノミー」に、明治期、「経世済民」の意味で（江戸期にもすでに使われていた）「経済」という訳語があてられた。

「経済」はこのように、いまでいう政治・経済を包含する概念としてあったわけだが、現在の経済ははたしてその本来の意味で機能しているだろうか。というのも、限られた資源と富の、適切な配分と運用を意味する「経済」は、いまや殖財や投資を軸に動いているのだ。いいかえると、グローバルな市場での死活の競争に全面的に組み込まれ、企業経営も株主の利益が最優先されてなされざるをえないからだ。企業の最大の関心はいまや自組織の生き残りにあって、それはもはや「経世済民」を担う公器といえる存在ではない。

たしかに社員の生活を護るために企業は利益を上げねばならない。そのために政府は企業の支援をまっ先に考える。平成期に入ったばかりの頃は、法人税収はおよそ18兆円、所得税収は26兆円あった。それが平成24年になると、法人税収は10兆円、所得税収は14兆円強と、それぞれ2分の1前後にまで落ち込んでくる。他方、消費税収は3兆円強から10兆円強とおよそ3倍に増えている（財務省「主要税目の税収（一般会計分）の推移」による）。企業には大幅な減税がなされ、高額所得者が相対的に優遇されているのに、片や一般市民の税支出は3倍になっている。今春には消費税の引き上げがなされるが、低所得者に配慮した軽減税率については決定が先延ばしとなった。国民の生活を護るはずの企業を支援するなかで、逆に国民の負担を増やしてゆく。そこで利を得るのはだれか。この国の民ではなく、国境を超えたマネー・ゲームを牛耳るヘッジファンドなどの機関投資家であり、それに拝跪《はいき》するほかない巨大多国籍企業であろう。

さらにこの間、人件費を圧縮するために工場の地方移転や海外移転もくり返されてきた。それによって（国内外を問わず）当該地域の産業構造をそっくり変え、人件費がさらに安い地域が見つかればまた工場移転する（ときには法人税率のより低い国への本社移転もする）。そして地域は元の姿にも戻れぬまま、崩壊してゆく……。そして去ったあとの地域社会の行く末に、転出した企業は責任を負うことがない。これにさらに、完全な制御が不可能であることがあきらかになったはずの原発システムを海外に売り込む現政府の戦略なども考えあわせれば、この国の政治・経済は、株主資本主義・金融資本主義を軸に、「経世済民」をはみ出たところで動いていると言わざるをえない。

何のための経済か？　それを「経世済民」という原点に還って考えなおさなければ、経済が「民の苦しみを救う」ことでなくなる、そんな時代に入ってきているようにおもわれる。

制御不能なものの上に

東日本大震災後の復興事業にも、この「経世済民」の不在は深い陰を落としている。震災からまる3年を迎えたこの3月、メディアからはすでにその記憶の風化を憂う声が喧しく伝わってきた。が、それは何の風化を憂う声なのか。

震災後の3年、それもすでに一つの歴史として刻まれてきた。〝復興の遅れ〟に生活再建の途も見透せず、かつて描きかけたさまざまの可能性ももはや不可能と思い定めるほかないといった事態がいよいよあらわになり、だから人口流出も止めようがなく、それが復興事業に深い陰を落とす……。これは風化どころか逆につのりつつある困難であり、その意味で震災はいまも続いている。

過疎化の問題は、いうまでもなく震災前から東北が、そして全国の地方が、それぞれに直面していたものであり、それが震災によって東北沿岸部において急加速することになったという意味では、この国の地方の未来の縮図がここにはある。被災地の外で記憶の風化を〝憂う〟べきものというより、むしろ、じぶんが立っているその足下に差し迫った課題と地続きのものとして、それはある。風化させてはならないのは、まさにその意識なのだとおもう。

あの震災、とくに福島第一原発事故は、これまでまったく想像しなかった負の可能性にわたしたちを直面させた。それは、国土の何分の一かが「死の大地」になる可能性であり、事故が続発すれば、ついに国土を去らねばならない、そんな可能性をも想像させた。

わたしたちの社会はかつて、石油資源の限界を原子力発電の技術革新によって乗り越えようとしたが、その取り返しのつかない事故がさらに大きな別の枠をこの社会の未来にはめることになった。核廃棄物の処理に要する天文学的な時間と、放射線被曝へのたえざる不安。加うるに、人口減少と「超」高齢化社会への突入……。わたしたちは未来をいくつかの〈限界〉のほうから考えるほかなくなった。

わたしたちの日々の暮らしが、「原発」という制御不能なものの上に成り立ってきたということ、このことをわたしたちは今回の震災で思い知った。そしてそれへの対応のなかでもう一つ、制御不能なものとして浮上しているのが、グローバル資本主義である。ヘッジファンドとよばれる巨額の投機的資金と国境を超えて利を漁る多国籍企業とが市場を牛耳る世界経済は、先に述べたように、すでに「経済」という軌道から逸れている。外れている。「経済」としてわたしたちが知っているものは、いまや世界市場での熾烈なマネー・ゲームに、それを制御するすべもなく深く組み込まれている。

こういう制御不能なものの上に、わたしたちの日常生活がある。物価や株価の変動も、もろもろの格差や過疎化の進行も、就労環境も、これに煽られ、左右される。

ここ数年で海面下から一気に顔を出したこれら制御不能なものを前にして、わたしたちは、自然や人的資源とも折り合いながら、制御可能な、ということはみずからの判断で修正や停止が可能な、そういうスケールの「経世済民」の事業を軸に、社会を再設計してゆかねばならない。そこでは当然、中央／地方という枠組みさえも問い返される。それにどのようなかたちで一歩踏みだすか。これこそ東北の震災復興のなかで問われていることであろう。

「縮小社会」への途

このこととの関連で、しばらく前に人口減少をめぐるあるリポートを読んだ。『2040年、地方消滅。「極点社会」が到来する』という、前岩手県知事・増田寛也の主宰する人口減少問題研究会のそれである（「中央公論」2013年12月号）。

それによると、「『少子化』がもたらす『人口減少』は、同時進行した『長寿化』により高齢者数が増え続けたことで見かけ上隠されてきた。その高齢者すら、多くの地域で減少する時期を迎える」。つまり、人口動態においては出生率以上にその絶対数に着目しなければならず、「少子高齢化」というとらえ方では事態の深刻さが見えないというのである。

リポートの分析をざっと見ておこう。日本社会の人口動態は、2008年、いよいよ人口減少に転じた。2012年の出生数は103万7983人、これは戦後すぐのベビーブームどころか、1970年代前半の第二次ベビーブームにおける出生数の半分以下である。1966年は「ひのえうま」ということで一時的に出生数が激減したが、1980年代後半以降、出生数はそれよりも少ない数字で漸減してきている。一時的に盛り返した第二次ベビーブーム世代もいまは40代にさしかかっており、今後出生率がいくばくか上昇したにしても、出生数は確実に減少しつづける。ちなみに出生率の変動は、最低を記録したのが2005年、1・26で、その後ややもちなおして、現在は1・4あたりを動いている。

戦後、日本社会は三度にわたって地方から大都市圏に大量の人口移動を起こした。第一期は、1960年代から70年代にかけての高度成長期、第二期は、1980年から93年にかけてのバブル経済の時期、第三期は2000年以降の時期である。この人口移動で着目しておかねばならないのは、それが若年層の移動であるということだ。地方は、たんなる人口減少というより、若年層＝人口再生産力の激しい流出に見舞われた。そして東京をはじめとする大都市圏に流出した若年層は、出生率が極端に低い。住宅事情や子育てをめぐるコミュニティの支援態勢の弱さなどがその理由である。

地方ではすでに高齢者人口が停滞から減少へと向かいつつあるが、それでも地方から東京圏への人口移動は終息しないとリポートは指摘する。高齢化には地域によってタイムラグがあり、大都市圏、とくに東京圏はこれから高齢化を加速してゆく。地方は現在、医療・介護といった高齢者を支える産業の比率が高いが、それが空洞化してゆくことで、地方の医療・介護人材はいずれ東京圏へ大量に流出してゆく可能性がいよいよ高くなる。こうして地方の若年者雇用が尻すぼみになり、東京圏への人口の一極集中がさらに進むが、流入した東京圏では出生率は上がらず、国全体の人口はひたすら減少してゆく。これをリポートは「人口のブラックホール現象」ないしは「極点社会」と呼んでいるが、こうした傾向が停止するのは、たとえ仮に2030年に出生率が現在の1・4前後から2・1にまで回復したにしても、高齢人口の減少も考えあわせると、その60年後、2090年頃になると、著者たちは試算する。そして、こうしたなかで進行せざるをえない地方の「壊死」を食い止めるためには、広域の地域ブロックでの独自の再生産構造を構築することで自律的な雇用を拡大するほかないと、報告書を結んでいる。

1990年代のバブル崩壊以降、長らく経済不況が続き、さらに2008年を境に人口減少に転じた日本社会は、「右肩下がり」という、かつて経験したことのないフェイズに入っている。日本社会はこうして縮小社会への途を歩みだした。いよいよ本気で「退却戦」を考えなければならない時代に入ったのである。

「右肩上がり」の世代――意識から抜けた未来世代の行く末

富国強兵、殖産興業から幾度かの戦争特需まで、明治以降、太平洋戦争時をのぞいて、日本社会は基本的にはずっと成長曲線を描いてきた。とりわけ戦後は復興から高度成長――この過程は朝鮮戦争、ベトナム戦争という二度の戦争特需という他国の「悲劇」に後押しされたものでもあった――、高度消費、バブルと急激な右肩上がりが続いた。この急カーブの右肩上がりの時代に生まれ育った人びとが、いまの60歳代半ばあたりから70歳代、日本の政治や経済界の中心にいる。あるいは最近まで中心にいた。

この世代、もしくは時代を少し下って戦後生まれのいわゆる「団塊」の世代にとって、じぶんが成長するということは親の世代を超えるということと同義であった。幼いあいだにたっぷりと栄養を摂れるようになって、背丈は親を越すようになった。学歴は親の世代なら中学校に進むのも恵まれた境遇の子弟だけだったが、戦後は高卒もあたりまえになり、いまは半数以上が大学に通う。つまり学歴は親の世代をはるかに凌ぐ。かつて子どもは幼いころから家族の稼ぎ手として期待されたが、戦後育ちの子どもはじぶんで自由に使える小遣いを親からもらい、気に入った服やレコードをみずから選び、購入することのできる「ティーンネイジャー」という消費主体になった。そういう意味で、成長することは生活のあらゆる面で親を超えることであった。

右肩上がりのとくに急な時代に生まれ育ったこの人たちが、いま社会の上辺を占めているのだが、この世代はひょっとして、未来世代を憂うことのもっとも少ない世代なのではないかと、最近おもうようになった。高度成長に青少年期を過ごした世代には、どんな深刻な問題も技術の進歩によって次の時代には解決されるという感覚が骨の髄まで染み込んでいるからだ。明日はきっともっとよくなるという時代感覚に酔いしれ、この好況が朝鮮戦争やベトナム戦争といった他国の「悲劇」に負うところが多いことは、とんと意識に上らなかった。第二次世界大戦の終焉のあとの時代を「戦後」として意識するのは、アジアでも日本くらいのものであろう。日本以外のアジアの国々では「戦後」もずっと戦争はいろんなかたちで継続してきたし、最近までその渦中にあった国、いまも渦中にある国もある。

他国の「悲劇」とともに意識から外れたもう一つのこと、それが未来世代の運命だ。

たとえば江戸期のような低収入の定常社会に生まれ育った人たちは、ひとたび大災害や戦乱が起これば食べてゆけなくなると思い知っていた。だから、孫の世代、ひ孫の世代が餓えないよう、日頃から何かにつけ未来に備えておくのがあたりまえだった。その頃の日本人はいまよりはるかに心配性だった。京都の商家でも最近までずっと「儲けられる時に儲けすぎたらあきまへんえ」と言われてきたと聞いたことがある。儲けすぎればかえって商売の手を広げ、将来もちこたえられなくなるからである。

これに対し、ずっと右肩上がりの景色のなかで育ってきた世代は、難題に直面しても次の世代が何とかするだろうと思い込む。国の債務が法外に増えつづけても、それを未来世代につけ回しして平気でいる。それを放置できるのは、いまじぶんたちなりにフル活動しておけば、いずれ次の世代がどうにかするだろうという感覚があるからだ。

おなじように、その人たちは次の世代が経済を回すための需要を「経済成長」の名で先食いしようとしている。自然を修復不能なまでに壊したまま次世代に手渡そうとしている。原発の再稼働に議会がさしたる抵抗もなく動きだしているのも、これと無関係でない。それどころか、現在の技術ではコントロール不能であることが発覚したその原発システムをこともあろうか他の国に輸出しようとさえしている。とどのつまり、未来世代の暮らしにあまりに鞏固《きょうこ》でネガティブな枠をはめてしまったという事実に、心底、呻吟しているようには見えないのである。現在をフル回転させておけばいずれはどうにかなる、次の世代が何とかするだろう、という感覚である。そして懸案の問題も解決をだらだら先延ばしにする。これがいまのこの国の姿である。わたしたちが繕うこともできずに放置している国の姿である。

かつて民俗学者の宮本常一は、田舎で見かけたひとりの石垣積み工の仕事についてこんな話を伝えていた。その職工は、田舎を歩いていてよく見事な石の積み方に心打たれたそうだ。「あとから来たものが他の家の田の石垣をつくるとき、やっぱり粗末なことはできないものである。まえに仕事に来たものがザツな仕事をしておくと、こちらもついザツな仕事をする」。だから、将来、おなじ職工の眼にふれたときに恥ずかしくないような仕事をしておきたいというのである。職人のこだわりはじつに未来の職人に宛てられていたのである。目先の利害ではなく。何十年先の世代に見られても恥ずかしくない仕事を、というこうした自負をもって、志操をもって、仕事をする人がとんと減ったのが現代である。

孤立する困窮――「経済成長」の脱神話化へ

不況からの脱出も、雇用問題や格差問題の解消も、教育や社会保障の充実も、それどころか地球温暖化問題の解決（エコ対策）ですらも、一に「経済成長」に、そしてそのためのイノベーションの成否に、かかっているかのような言い回しが、この世代のあいだで執拗になされる。まるで「成長」があらゆる問題を解決する打ち出の小槌であるかのように。

一方ではしかし、国債の法外な膨らみを前にしての財政再建が、この国には厳しく迫られている。そして、毎年1兆数千億円といわれる社会保障費の「自然増」。国債の発行を抑えつつこの「自然増」に対応するとすれば、当然、一般歳出を大幅に縮小しなければならない道理となる。一律一割という概算要求の削減幅を、前の民主党前政権もいちど各省に指示したことがある。この「経済成長」と「予算削減」。それははたして、膨張と縮小の同時実現という、わたしたちに突きつけられたディレンマなのだろうか。

「成長」が至上命題と考えられているところでは、当然のことながら、「削減」はマイナス要因に数えざるをえない。だからこの二つの要請はディレンマになってしまう。逆に「成長」というこの至上命題が解除されてしまえば、「削減」はマイナス要因ではなく、「ダウン・サイジング」という、生き方の一スタイルにすぎないことになる。

とはいえ、この「ダウン・サイジング」は、現代社会における貧困の激化と紙一重である。「ダウン・サイジング」は、企業が迫られている経費削減や効率化の要請からくる就労環境の劣化や収入格差の拡大とは一線を画したものとなって、はじめてポジティヴな生き方の選択となりうる。そのためには、わたしたちがいま直面している困窮にまずは眼をこらしておく必要がある。

「われわれは公民として病みかつ貧しいのであった」――

昭和5年、柳田國男がその著『明治大正史・世相篇』の末尾に書きしるした言葉である。それから80余年、いまわたしたちはこの言葉を乗り越えたといえるだろうか。

たとえば自死。わが国の自殺者の数は13年連続で3万人を超えており、このことが、「無縁死」の増加とともに、近年話題になっているが、柳田もまたこの本のなかで自殺者数の増加にふれ、自殺者が毎年1万数千、東京では日換算して毎日5人が自死していると述べている。1930年当時の人口は6445万で現在のおよそ半分である。そして2010年の統計では自殺者は3万1690人であるから、自殺者数の人口比率はじつは柳田がこの本を書いた1930年と現在とではほとんど変わっていないことがわかる。

自殺者の数は、日露戦争から太平洋戦争まで、戦時下は若干の減少がみられるが、より強い相関をしめしているのは景気動向との関連である。戦後日本社会をみると、自殺者増加の第一期は「なべ底不況」の1950年代後半に重なり、第二期はオイルショック以降の景気低迷の時期とほぼ重なる。逆に、岩戸景気（1958-61）、オリンピック景気（1962-64）、いざなぎ景気（1965-70）、バブル景気（1987-91）といった好景気の時代には自殺者数は大幅に減少し、バブルがはじけて以降はふたたび増加、2万人台前半がしばらく続くが、1998年に突然、3万2千人と急増し（とくに中年以上の死亡率の上昇がめだつ）、その後現在までずっと年間3万人あたりを推移してきた。自殺者数の歴史的推移をめぐっては、年齢別・性別の自殺率の差異、都市部と郊外と地方の比較、推測される自殺理由などを仔細に分析する必要があるが、いまいちど確認しておきたいのは、戦後第三期ともいうべきこの13年間の自殺率が、柳田がその急増を憂えた80年前のそれとほぼ同率だということである。

80年前、貧困と病による自殺や一家心中の急増のなかに柳田が見てとったのは、「説くにも忍びざる孤立感」というものであった。過去に貧窮が苛烈であったとき、それでもまだいまより忍びうるものであったのは、貧窮が人びとを一様に襲っていたからである。人びとはたがいに協力して救済にあたった。つまり「共同防貧」のしくみがまだ生きていた。ところが、と柳田はいう。「われわれの生活ぶりが思い思いになって、衣でも食住でもまたその生産でも、個人の考え次第に区々に分かれるような時代が来ると、災害には共通のものが追い追いと少なく、貧は孤立であり、従ってその防禦も独力でなければならぬように、傾いて来る」。そして、この「孤立貧」こそ時代の「社会病」であり、「しばしば実情の相似ている貧窮が、地をかえ時を前後して発現していることを学ぶ」ことが、現下の課題であるという。いずこかの一家心中の報道も、場合によってはその当事者がじぶんであってもおかしくないという思いで読むこと、いいかえると、その悲痛な出来事を「われわれ」のひとつの〈典型〉として受けとめる必要があるというのである。

貧困をこのように捉える必要があるその理由を、柳田は以下のような点に求めている。職域の拡大——明治以降新しい職種は何十倍にも増えたと柳田はいう——、職業選択の自由と居住地の移動、移動にともなう「家」の解体と婚姻の自由、そして消費の自由……。

が、これらはじつは「近代社会」を実現するために「われわれ」自身が望んだものである。これを逆転することはむずかしい。そして現実には柳田のいう「孤立貧」の深化はさらに進行していった。戦争をはさんでのち高度成長期を経て「一億総中流化」といわれる状況が出現し、高度消費社会という名の「豊かな」社会が到来したのだが、人びとは幸福を得たというよりもむしろそれによりいっそう渇くようになった。かつて「東京砂漠」と表現され、いま地方で「シャッター街」という言葉で暗示されている現象である。そしてその後も長びく不況のなかで、貧困という、忘れていたはずの問題が「格差社会」の名とともに、ボディブローのようにわたしたちの腹を撃つことになる。ここに欠けていたのはいったい何だったのだろうか。

貧もふくめ、わたしたち一人ひとりが、孤立したままさまざまなリスクにいわばむきだしで曝されているのが現代である。とりわけ雇用状況をみると、経費削減に迫られた企業がなす正規社員から非正規社員への切り換えは、就労環境を不安定なものにする。雇用といえば、百近くの企業に登録、事前に「シューカツ」の研修も受け、炎天下したたり落ちる汗を拭いながら二、三〇の企業面接に向かい、面接では媚びるかのように必死で心のしなをつくって、その結果、内定がゼロというような大学生が多くいる。大学まで行けたのだから、高度成長期の中学生の集団就職よりはましだという人もいる。けれどもわたしには、家計を支える、家族のために口減らしをするといった理由を子ども心に知るところがあって、送りだす家族の「すまない」という気持ちを背中でしかと感じえた集団就職の中卒生よりも、そうした背後からの支えも、企業からの「よう来てくれた」という迎えもないいまの大学生のほうがさらに惨めに映る。

これはほんの一例にすぎないが、「孤立貧」のこうした現代的形態をめぐっては、比較的長く続いた小泉政権下で、「自己責任」や「自立支援」というかけ声とともに、「孤立」を「自立」へと裏返す施策が推し進められた。しかし、多くの人が反射的にそう考えたように、「自立」は「独立」のことなのではない。「独立」とはだれにも頼らないでじぶんの脚で立つこと、インディペンデンス（independence＝非依存）のことだ。だが、だれにも頼らないというのは人には不可能なことである。老い、病、障碍はいうまでもなく、そもそも日々の暮らしがなんらかの役割分担によってなりたっているかぎり、インディペンデンスということはありえない。「自立」というのはだから、いざというときにいつでも相互支援のネットワークを使える用意ができているということにほかならない。そう、インターディペンデンス（interdependence＝相互依存）のしくみがいつでも使えるということである。だれかがリスクに見舞われたとき、それをじぶんにも起こりえたこととして、まわりの者が即座に支援のネットワークを組むということ、あるいは社会保障の制度をはじめとする救済の仕組みがはたらくということである。

ところが相互支援のネットワークにしろ、社会保障のシステムにしろ、個人が曝されているリスクとの齟齬、つまりは機能不全や劣化が、現在、想像以上にはなはだしいものになっている。かつて『自殺について──日本の断層と重層』（昭和25年）のなかで唐木順三は、おなじく自殺者の増加を憂えて、自死せし人は「我々の苦しみを典型的に苦しんでくれた」、だから他者のその自死は「僕等と無縁ではない」と書いたのだが、もはや特定の自死が何かの〈典型〉とすら見ることができないところに、インターディペンデンスの弱体化、つまりは現代の「孤立貧」の底知れなさが現われ出てきているようにおもわれる。

「押しつけ」と「おまかせ」の合わせ鏡

この背景にあるのは、「責任を負う」ということをめぐってのこの社会の劣化である。昨秋、京都で東日本大震災関連のシンポジウムがあって、そのなかで物理学者の池内了さんがこのたびの原発事故にふれて、「四つの押しつけ」ということを指摘した。政府と電気事業関係者と消費者たちは、第一に、原子力発電施設を過疎地に押しつけた。第二に、被曝労働を下請け労働者に押しつけてきた。第三に、核廃棄物を未来世代に押しつけようとしている。第四に、汚染水を世界の人々に、生きものたちに押しつけている、というのである。

だれもみずから責任をとらないで、他者に「押しつけ」るという責任放棄の構造。これに合わせ鏡のように対応するもう一つの責任放棄の構造があるようにおもう。「おまかせ」の構造である。

日本社会は明治以降、近代化の過程で、行政、医療、福祉、教育、流通など地域社会における相互支援の活動を、国家や企業が公共的なサービスとして引き取り、市民はそのサービスを税金やサービス料と引き替えに消費するという仕組みに変えていった。一足先に近代化に取り組んでいた西欧列国が、そうした相互支援の活動を、教区など、行政機構と個人のあいだにあるいわゆる中間集団の活動にあるていど残しておいたのとは対照的に。

そのことでこの国は世界でも屈指の速さで長寿化をなしとげたし、停電も、電車の遅れ、郵便の遅配もめったになく、深夜にも一人歩きができるような安全な街というふうに、都市生活の高いクオリティを実現した。が、それと並行して進行したのが、市民たちの相互支援のネットワークが張られる場たるコミュニティ、たとえば町内、氏子・檀家、組合、会社などによる福祉・厚生活動の瘦せ細りである。人びとは、提供されるサービス・システムにぶら下がるばかりで、じぶんたちで力を合わせてそれを担う力量を急速に失っていった。いいかえると、これらのサービス・システムが劣化したり機能停止したときに、対案も出せねば課題そのものを引き取ることもできずに、クレームをつけるだけの、そういう受動的で無力な存在に、いつしかなってしまっていた。

公共的な機関への「おまかせ」の構造である。「押しつけ」と「おまかせ」の合わせ鏡。責任を担おうとしない人たちのこの合わせ鏡が、日本社会を覆っている……。

その危うさを憂う声は、じつは日本社会が近代化の途をたどる過程で、識者たちからくりかえし上がってきたものである。

たとえば福澤諭吉は、明治の早い時期すでに、政府の文明化政策の目をみはる成果に凭《もた》れかかり、しだいに依存体質になってゆく人民の姿を憂い、「私立」(民間の独立)の必要を呼びかけていた。人民は「主客二様の役を務むるべきものなり」と。あるいは柳田國男。かれは昭和の初め、明治・大正期の世相を論じた書物の末尾に、先にも引いたように、「われわれは公民として病みかつ貧しいのであった」と書きつけた。

この「押しつけ」と「おまかせ」の合わせ鏡の外にどう出るか。それこそ震災がわたしたちに突きつけたもっとも重い課題であろうとおもわれる。

市民の力量

「おまかせ」の構造から抜けだすためにしなければならないことは無数にあるが、その基本になるのは、まず、低賃金での中央の下支えをする、あるいは電力や部品、食材、労働力をただ中央に向けて供給するといった地方のあり方から降りて、グローバル化のなかで制御不能になっている経済の規模を、身の丈サイズのものに、つまりは修正も停止もきくあるていど自己内で循環させることのできるような適正サイズに切り替えてゆくことである。

もう一つの基本は、政治における公共性にそれぞれの市民がより深く関与してゆくことである。そのとき、中央とのパイプがあることが政治家の力量ではもはやなくなる。また市民のそういう活動を吸い上げる地方自治レベルでの回路をもっと厚くすることである。県議会・市議会の議員の名を国会議員のそれよりも数多く挙げられる人は少ないだろうとおもう。地方議会の議員は地域の有力者や地元業界のさまざまの団体とのしがらみの多い連携はこまめにできても、ＮＰＯなどの市民の社会・地域活動との連携はまだまだ薄い。地方議会の議員は、地域の利害を吸収・代弁するだけでなく、地域の、さらには日本社会、人類社会の全体を俯瞰した政治理念を抱きながら、市民の育ちつつある公共性の意識と、みずからの行動を編み合わせ、政治的なるものの底面をもっと分厚くしていかねばならない。

なぜか。右肩上がりの時代が「安楽」の工夫の時代だとしたら、これから長らく続くであろう右肩下がりの時代は「我慢」の工夫の時代であるからだ。そこでは、だれかに、あるいは特定の世代や社会層に、どこか特定の地域に、はたまたなにか特定の業種に、ダメージが集中しないように、負担とリスクを分散させること、それらを均等に担うことが求められる。そのとき、問題の解決を職業政治家にそっくり預け、みずからはその政治サービスの顧客と化してしまえば、元の木阿弥になる。そのとき市民にできるのはクレームをつけることと行政や議員に陳情することだけになる。これは、問題の所在について市民がみずから思考し、他者の意見とじっくり摺り合わせてゆくことの放棄でしかない。

だからこそ縮小社会へと向かう途上では、選択、つまりは優先度の判断が不可避であり、したがって各方面でさまざまの「我慢」を納得して受け容れられるような、思想と理念に厚く裏打ちされた〈説得〉の術が重みを増す。

政治とは、人びとに理を問う〈説得〉の術である。人を煙に巻いたりそそのかしたりする詐術であってはならない。これはデモクラシーの基本である。ところが、国会の各種委員会や選挙運動のなかを飛び交う言葉は、その基本をないがしろにしているようにしか聞こえない。民衆の感情にひたすらおもねる物言い、敵失を嘲笑うかのような浮ついた口ぶり、実際の行程を示さない空約束、世論調査が出るたびころころ変わる主張、揚げ足取りか決まり文句としか言いようのない他党への「口撃」、原稿をなぞるだけで説得の意思をおよそ欠いた発言……。子どもたち、そう、未来の市民には聴かせたくないスベる言葉たちである。

だが、政治を笑うことは簡単である。政治を笑うこと、さらにはそんなふうに政治を笑うじぶんを笑うことをも越えて、市民自身による公共的な論議への確かな一歩を踏みださねばならない。個々の市民が、行政や企業から提供される流通、医療、教育、福祉などのサービスの消費者、つまりは顧客に甘んじたままでいるのではなく、また直面している社会課題の解決を専門家にそっくり委せるのでもなく、他の市民とともに社会運営の一部を分かちもつ市民性（シティズンシップ）の力量を形成すること、これがいま市民一人ひとりに求められるものである。

そのとき、地方の過疎の町村や古い歴史をもつ都市というのは、成員のかなりの部分がたがいによく見知っていて、公共性を動かすにもしきたりという根強い型があって、それを改編するにはよほどの知恵と根気が要る。一方、大都市周辺の「ニュータウン」（巨大集合団地）も古いところは過疎化に見舞われ、新しく開発されたところは見知りの人がほとんどいない点で、これもまた公共的な活動を編んでゆくのに工夫が要る。ＮＰＯやボランティアの社会活動が政治への回路を比較的多くもつ政令指定都市としてたとえば仙台市があるが、ここでは5年で約20％の人口が入れ替わるとの統計があり、出入りするその人たちが「他所ではこういうふうにやってるよ」と外からの情報、別の発想を持ち込むことが、公共的な意識や行動を活性化する要因の一つになっている。

フォロワーシップの時代

だれかを先頭に立ててみながそのあとに一糸乱れず付き従うというような行動の絵図ほど、現実の社会的活動にそぐわぬものはない。そもそも、軍隊のように一本の指揮系統でまとまっている集団は、逆に崩れだすと止めようがないほどに脆いものである。地域社会とか市民社会とよばれる場は、職業政治の場ではない。だれもが他所に本務をもったままで、そうしたゆるい集団の一員として参画する。ここからイメージされるのは、日々それぞれの持ち場でおのれの務めを果たしながら、公共的な課題が持ち上がれば、だれもがときにリーダーに推され、ときにメンバーの一員、そうワン・オブ・ゼムになって行動する、そういう主役交代のすぐにできる、しなりのある集団であろう。システムにぜんぶを預けず、しかしぜんぶをじぶんが丸ごと引き受けるのでもなく、いつも全体の気遣いをできるところで責任を担う、そんな伸縮可能なかかわり方——上意下達、指示待ちの対極である——で維持されてゆく集団である。

とすれば、巷間で喧しい〝リーダーシップ〟にもまして重要なのは、よきフォロワーシップとでもいうべきものであることになる。じっさい、だれもがリーダーになりたがる社会ほど脆いものはない。地域社会、市民社会では、利益集団においてリーダーが備えておくべき全体を気遣うという態度を、フォロワーのほうが備えていなければならない。日頃は自己の本務を果たしつつ、public affairs については、あるときは「いま仕事が手を抜けないのでちょっと頼む」、あるときは「あなたも本業心配でしょうから、しばらくわたしが交替しますよ」というふうに前面に出たり背後に退いたりしながら、しかしいつも全体に目配りできている、そんな賢明なフォロワーの存在が、ここでは大きな意味をもつ。公共的なことがらに関して、観客になるのではなくみずから問題解決のためのネットワークを編んでゆく能力、それが、リーダーに見落としがないかケアしつつ付き従ってゆくという意味でのフォロワーシップであり、これこそが「市民性」（シティズンシップ）の成熟の前提となるということであろう。

こうしたフォロワーシップの考え方を「しんがりの思想」と呼んでみたい。右肩下がりの時代、「廃」炉とかダウン・サイジングなどが課題として立ってくるところでは、先頭で道を切り開いてゆく人よりも、むしろ最後尾でみなの安否を確認しつつ進む登山グループの「しんがり」のような存在、退却戦で敵のいちばん近くにいて、味方の安全を確認してから最後に引き上げるような「しんがり」の判断が、もっとも重要になってくる。この全体への目配りこそ成熟したシティズンシップが備えていなければならないものである。

震災復興にあっても、ひたすら「防災」のためのハード面での公共事業に取り組むのではなく、地域が震災前から抱え込んでいた問題を見据えながら、そこでの日々の暮らしを創造的に再興する取り組みと結びついた経済活性化策を講じなければならないだろうし、またもしそうした社会全体への気遣いや目配りができていれば、建築資材と労賃の高騰を招くことで東北での復興事業を大きく遅延させることが必定な〝東京五輪〟の誘致など、だれも発想しなかっただろう。

「担ぐ」という語がある。たとえば「神輿を担ぐ」という言い回しにもあるように、肩にかけて担うことを意味することから、さらにじぶんたちの集団のなかでだれかを「上に立つ人」（長）として戴く〔頭の上に載せる〕ことをも意味する——それを反転すると、上から下への戴き、たとえば「お暇を戴く」になる——。担がれた者はしばし「器」として仲間たちに用いられる——「器」として選んだ仲間たちに最後、梯子を外されたら「かつがれた」となる——。そのように、担ぐ者と担がれる者とが信頼という糸で結ばれている集団では、全体に目配りできるという、ふつうリーダーの資質とされるものを、一歩退いているフォロワーこそが備えている。そして、リーダーが熱心になりすぎて視野が狭くなったり、疲弊しだしたり、本業が疎かになって危うくなったりすれば、フォロワーがそのリーダー役を買って出て、リーダーは後方支援に回るといった、それこそラグビー型のパスと押し上げができる。このことが、地域での公共的な活動においてはとりわけ重要である。

そういうよきフォロワーシップを身につけよと、亡くなる直前の梅棹忠夫は最後にこんな言葉を残してくれた――。

「請われれば一差し舞える人物になれ」(『梅棹忠夫 語る』)

(直近の思いを綴ったので、一部、この数ヵ月に新聞紙上に書いた記述と重なっているところがあることをおことわりしておきたい)

犀の教室
Liberal Arts Lab

街場《まちば》の憂国会議《ゆうこくかいぎ》
——日本はこれからどうなるのか

2014年5月10日　初版
2014年5月20日　2刷

編　者　内田樹
著　者　小田嶋隆、想田和弘、高橋源一郎、中島岳志、中野晃一、平川克美、孫崎享、鷲田清一

発行者　株式会社晶文社
東京都千代田区神田神保町1-11
電　話　03-3518-4940（代表）・4942（編集）
URL　http://www.shobunsha.co.jp

印　刷　ベクトル印刷株式会社

製　本　ナショナル製本協同組合

ISBN978-4-7949-6814-2 Printed in Japan